U0361291

2022年度教育部人文社会科学研究专项任务项目（高校辅导员研究）
项目名称：生态给养视域下高校少数民族大学生的学校适应研究
基金号：22JDSZ3140
2022年教育部高校思想政治工作精品项目
项目名称：民办高校党建带团建"1234"组织育人机制

多元文化视野下的
学校适应性研究

王伟君　蔡晨　著

上海交通大学出版社
SHANGHAI JIAO TONG UNIVERSITY PRESS

内容提要

本书内容聚焦于在高校学习生活的少数民族大学生,通过将他们置于生活世界中心,对他们在学校适应中的普遍性特征和潜在影响因素进行深入研究,以期为他们的教育服务管理提供优化路径。本书采取整体研究和专题研究相结合的方式,主要内容包括:对这些学生的学校适应性进行整体描写和分析;对这些学生的学习适应进行专题描写和分析;对这些学生的校园生活适应进行专题描写和分析;对这些学生的文化心理适应进行专题描写和分析。本书读者为高校学生工作者、多元文化教育研究者、相关领域的专家学者和研究生群体。

图书在版编目(CIP)数据

多元文化视野下的学校适应性研究／ 王伟君,蔡晨著. —上海:上海交通大学出版社,2023.3
ISBN 978-7-313-28315-3

Ⅰ.①多… Ⅱ.①王… ②蔡… Ⅲ.①大学生-学生生活-研究-中国 Ⅳ.①G645.5

中国国家版本馆 CIP 数据核字(2023)第 032689 号

多元文化视野下的学校适应性研究
DUOYUAN WENHUA SHIYEXIA DE XUEXIAO SHIYINGXING YANJIU

著　者:	王伟君　蔡　晨		
出版发行:	上海交通大学出版社	地　址:	上海市番禺路 951 号
邮政编码:	200030	电　话:	021-64071208
印　制:	上海万卷印刷股份有限公司	经　销:	全国新华书店
开　本:	710 mm×1000 mm　1/16	印　张:	12
字　数:	177 千字		
版　次:	2023 年 3 月第 1 版	印　次:	2023 年 3 月第 1 次印刷
书　号:	ISBN 978-7-313-28315-3		
定　价:	68.00 元		

习近平总书记在党的十九大报告中明确指出:"中国特色社会主义进入新时代……迎来了实现中华民族伟大复兴的光明前景。……建设教育强国是中华民族伟大复兴的基础工程,必须把教育事业放在优先位置,加快教育现代化,办好人民满意的教育。"高等教育多样性是高等教育发展到大众化、普及化阶段的产物,是党和国家满足人民多样化教育需求的重要举措。民族高等教育则是社会主义教育体系的重要组成部分,既是实现各民族青少年交往交流交融,铸牢中华民族共同体意识的重要途径,也是中华民族共同体意识生成的重要基础。

当代大学生生活在复杂多变的环境中,环境的复杂性、多变性对他们的自我选择、适应、发展和创造提出了新要求。适应与发展是少数民族大学生在大学阶段的两大基本任务,他们对于大学生活的适应性以及自身能力的发展,是推动民族高等教育高质量发展的内生动力。从个体角度来说,少数民族大学生在学校适应过程中能增强社会融合能力,塑造具有社会认同感的现代社会合格公民。从民族角度来说,少数民族大学生在学校适应过程中能维护和强化自身民族属性的文化自觉和文化认同。从国家角度来说,少数民族大学生在学校适应过程中能增强对中华民族和国家的认同感,成为具有爱国主义精神的现代社会合格公民。因而,少数民族大学生对大学生活的适应与否直接关系到新时代民族高等教育的成败。在此背景下,少数民族大学生的学校适应问题已然成为高校教育管理工作中的重要内容。

如何增强少数民族大学生的学校适应性也已成为当前高校教育管理中的重要理论和实践问题。

本书主要关注少数民族大学生在异地求学过程中的学校适应问题,目的在于通过学校环境的优化和个体素养的提升来帮助他们更好适应大学生活。本书由九个章节组成,除第一章导论和第九章结论外,主体的七个章节可分为四个部分:学校适应整体研究;学习适应专题研究;生活适应专题研究;心理适应专题研究。其中第二章为学校适应整体研究,第三章和第四章为学习适应专题研究,第五章和第六章为生活适应专题研究,第七章和第八章为心理适应专题研究。

第二章关注少数民族大学生的整体学校适应特点。研究发现,他们的学校适应性整体表现一般,其典型特点可概括为学习适应>心理适应>生活适应。性别和籍贯在学习适应中存在交互效应,性别和年级在生活适应中存在交互效应。男性少数民族大学生的生活适应表现呼应了"U曲线理论",而女性少数民族大学生的生活适应表现则呼应了"压力应对理论"。学习服务和自我调节显著预测学习适应,生活服务和他人调节显著预测生活适应。研究结果表明,少数民族大学生需要充分利用广阔的内外环境条件的非线性作用才能实现自身的校园适应性发展,但影响因素的积极影响、消极影响和无影响往往是交替变换,会受到个体差异因素限制。

第三章关注少数民族大学生在移动学习中的学习投入问题。研究发现,他们的环境给养感知和移动学习投入整体表现较好,移动学习投入的典型特点可概括为行为投入>认知投入>情感投入,给养感知的典型特点可概括为人际给养适应>资源给养>网络给养。环境给养感知对英语学习投入的三个分项存在不同的回归效应。认知投入受环境给养感知的影响最明显,行为投入则不受环境给养感知影响。研究结果表明,移动学习环境的体验性和挑战性是与少数民族大学生的英语学习需求相适应的,但他们在移动环境中的自适应性和能动性差异影响了给养感知和转化的有效性。

第四章关注少数民族大学生在网络学习中的自我调节学习问题。研究发现,他们的自我调节学习能力整体水平一般,其典型特点可概括为环境调节能力>任务调节能力>时间调节能力>求助资源调节能力>情感调节能力＞认知调节能力。相较汉族大学生，少数民族大学生的自我调节学习能力存在思辨能力差、情感调控能力低下和合作意愿不足等问题。自我调节学习能力能显著预测少数民族大学生的英语听力水平，环境调节能力、时间调节能力和求助资源调节能力在其中扮演了重要角色。研究结果表明，自我调节学习能力在少数民族大学生的网络学习中扮演了自我监控角色。他们会将当前的自我学习需求投射到未来的学习结果中去，在期待实现学习成就的过程中积极调节自己的学习计划。

第五章关注少数民族大学生的虚拟社会化问题。研究发现，他们的虚拟社会化现状和媒体识读能力整体表现较好，虚拟社会化的典型特点可概括为人际互动＞伦理道德，媒体识读能力的典型特点可概括为区别真假＞觉察说服＞批判是非。媒体识读能力与虚拟社会化之间存在显著的正向关系，前者对后者具有一定的预测力，尤其是区别真假能力在少数民族大学生虚拟社会化表现上起到了重要作用。研究结果表明，媒体识读能力对少数民族大学生虚拟社会化的表现主要体现在监管作用，具备越好媒体识读能力的少数民族大学生在高风险的网络社会中越能平衡虚拟空间和现实空间的差异，在面对诱惑性体验时不致迷失自我。

第六章关注少数民族大学生的亲社会行为问题。研究发现，他们的亲社会行为与汉族大学生一样，都表现出集体主义倾向，但在内部的层级排列上则表现出特殊性，其典型特点可概括为利他性行为＞特质性行为＞关系性行为＞公益性行为。移情与人际敏感性对少数民族大学生的亲社会行为存在不同的预测效应。状态移情对于关系性行为、利他性行为和公益性行为都存在显著的预测效应，情感移情和人际敏感性则对于特质性行为存在显著的预测性效应。同时，移情与人际敏感性在特质性行为上存在交互效应。在低共情组中，高人际敏感性少数民族大学生的特质性行为要好于低人际敏感性少数民族大学生。研究结果表明，认知移情和情感移情在少数民族大学生的亲社会行为上存在不同的作用机制，他们为了获得他人对自身积极形象的认同会表现出更多的亲社会行为倾向。

第七章关注少数民族大学生的心理社会发展问题。研究发现，他们的心理社会发展情况整体良好，可进一步范畴化为人生规划发展、心理调试发展和人际交往发展三个维度。校园经验投入与心理社会发展之间存在一定的正向关系。异族群互动与人际投入在人生规划发展和人际交往发展上具有很好的预测作用。学术投入只在人际交往发展上存在显著影响,本族群互动在人生规划发展和人际交往发展上都不具有显著影响。研究结果表明,少数民族大学生心理社会的发展不只在于学校教育机会和教育环境的提供,更重要的是他们在校园生活中的参与意愿和实际行动。

第八章关注少数民族大学生的双向文化认同问题。研究发现,他们的双向认同呈现出一种混合的、动态的和异质的图像,但整体上以整合型认同为主,其特点可概括为整合型认同＞同化型认同＞隔离型认同＞边缘型认同。他们的汉语态度特点可概括为交际因子＞情感因子＞地位因子,民族语态度则可概括为情感因子＞地位因子＞交际因子,在汉语和民族语上的态度差异可概括为交际评价＞地位评价＞情感评价。少数民族大学生的双语态度在不同程度上都与整合型认同、同化型认同和隔离型认同存在关系。民族语的情感因子和交际因子能显著影响他们整合型认同的发展。民族语的地位因子能显著影响他们同化型认同和隔离型认同的发展。研究结果表明,语言态度在少数民族大学生的族群文化认同建构中扮演了反思性监控的角色,他们通过语言态度的象征性力量来建构对于主流文化和本民族文化的理解。

本书系浙江树人学院学术专著系列丛书之一。本书也是作者 2022 年度教育部人文社会科学研究专项任务项目(高校辅导员研究)"生态给养视域下高校少数民族大学生的学校适应研究"(22JDSZ3140)的最终成果。同时,这也是 2022 年教育部高校思想政治工作精品项目"民办高校党建带团建'1234'组织育人机制"的部分研究成果。

在本书出版之际,我要向所有参与并帮助本课题的人员表示衷心感谢。特别要感谢浙江树人学院宋斌教授、金劲彪教授、董弋芬教授等领导关心年轻教师在科研和学生管理上的成长,在我的课题申报和写作过程中给予了许多鼓励和支持。我还要感谢家扬学院的蔡晨博士。蔡晨博士是本课题组主要成员。本书的第三章、第四章、第五章和第七章由蔡晨博士完成。感谢校院领导的鼓励与支持,感谢辅导员同事们承担了大量的事务性工作,全力支持我的研究工作。"聚青春"辅导员工作室的成员们参与了部分调研,提供了大量的研究样本。在此再次向所有帮助和支持我的领导、同事、朋友和所有调查对象表示深深的感谢。

"芳林新叶催陈叶,流水前波让后波。"由于本人才疏学浅,本书可能并不尽如人意,尚有一些瑕疵。但我仍希望可以以一己之力呼唤辅导员同仁们做出应和,致力于研究,同频共振催生出更多更好的辅导员专业化实践研究成果。让我们一起成为青年学生的人生导师和知心朋友,引领青年大学生成长成才!

毛伟男

浙江树人学院

2023 年 2 月

CONTENTS 目　录

第一章 导 论

一、引言

习近平总书记在党的十九大报告中明确指出："中国特色社会主义进入新时代……迎来了实现中华民族伟大复兴的光明前景。……建设教育强国是中华民族伟大复兴的基础工程，必须把教育事业放在优先位置，加快教育现代化，办好人民满意的教育。"高等教育多样性是高等教育发展到大众化、普及化阶段的产物，是党和国家满足人民多样化教育需求的重要举措（陈·巴特尔，2019）。作为一种理念，高等教育多样性旨在通过增加高等学校学生来源的多样性，培养未来公民的跨文化理解能力，最终维护整个社会的利益，使得各种文化背景的人能够和谐共处，互利共赢。作为一种制度，高等教育多样性指国家和政府通过制定政策和法律、提供经费支持、监督和评估等措施，支持、鼓励大学招收少数民族学生，并在招生、学业和就业等各个环节为他们提供服务，以消除歧视和不平等，最终保障他们接受高等教育的权利。从一定意义上来说，贯彻与实施高等教育多样性是实现各民族青少年交往交流交融，铸牢中华民族共同体意识的重要途径。

当代大学生生活在复杂多变的环境中，环境的复杂性、多变性对他们的自我选择、适应、发展和创造提出了新要求。大学生如何适应、优化、开发和创造环境是现代教育的重大责任，既是培养新时代人才的重要途径，也是推进社会和个体协调发展的重要举措（李辉，2010）。当前，伴随少数民族地区教育水平的提高，东南沿海各省份普通高校大学生的民族构成日益多元化。少数民族大学生大多来自民族聚集地区，当他们通过高考来到全新环境时，首要任务就是适应新的学习环境和生活环境。不同民族文化间的碰撞，会使一些少数民族大学生在风俗习惯、语言文化和社会心理等方面出现不适应学校生活的情况(李德福,2014)。学生教育管理是高校管理中的一个重要组成部分。它的主要任务涉及大学生活的方方面面,既包含了知识技能教育,也包含了价值观和人生观塑造等内容。但是,各高校的学生管理工作往往缺乏多元文化意识,在校园文化建设的包容性和学生管理的针对性等方面都还存在很大提升空间(蔡晨、田洋,2018)。在此背景下,少数民族大学生的学校适应问题已然成为高校教育管理工作中的重要内容。如何增强少数民族大学生的学校适应问题也已成为当前高校教育管理中的重要理论和实践问题。

本书聚焦在浙江高校中学习生活的少数民族大学生,通过将他们置于生活世界中心,对他们在学校适应中的普遍性特征和潜在影响因素进行深入研究,以期为少数民族大学生的教育服务管理提供优化路径。

二、研究理论

(一) 多元文化整合教育理论

多元文化整合教育理论也被称为"多元一体理论",其思想根源可追溯到20世纪初期美国的"熔炉理论"和"多元文化论"。该理论是在"中华民族多元一体格局"理论启发下,对西方多元主义思潮的不断反思中,为多民族国家教育现代化治理所提出的教育理念(戴留喜、鲍晓艳,2007)。李红婷和藤星(2020)对该理论的提出依据做了详细论述。首先,中华民族多元一体社会格局的形成为多元文化整合教育理论提供了历史依据。在中华文化漫长的历史发展过程中,由于各民族自我文化的对外传播和各民族文化间的相互交流,各民族在文化上形成了"你中有我,我中有你"的特点。各民族长期生活在一个统一的多民族框架内,已经不仅仅是一个血缘共同体或地缘共同体,更是一个精神和命运共同体。其次,西方多元文化主义思潮面临的危机与挑战为多元文化整合教育理论提供了现实依据。在将近一个多世纪的发展中,多元文化教育已成为世界大多数国家各级各类教育中的重要组成部分,并对以移民为少数族群的西方国家产生了深刻影响。但是,在仍以国家为基本政治单位的世界中,多元文化主义作为一种全球性意识形态的机会和空间十分有限。多元文化主义要想获得新的生命力,必须承担更为广泛的社会正义诉求,必须关注全球化背景下的"制度认同—文化认同—价值认同"问题(朱姝,2014)。21世纪的中国必须妥善处理民族认同与国家认同,必须深入研究国民教育与少数民族教育,民族教育的公平与效益,民族教育的多元与整合等重大理论与实践问题。

多元文化整合教育理论认为,一个多民族国家不仅要传递主体民族优秀传统文化,也要传递本国各少数民族优秀传统文化(藤星、苏红,1997)。多元文化整合教育的对象,不仅包括少数民族成员,而且包括主体民族成员。换而言之,就是少数民族不但要学习本民族传统文化,也要学习主体民族文化,以提高少数民族年轻一代适应社会主体文化的能力,实现个人最大限度发展。主体民族成员除了学习本民族文化外,还要适当学习和了解少数民族的传统文化,以增强民族平等和多民族大家庭的意识。多元文化整合教育的目的是继承各民族优秀文化遗产,加强各民族间的文化交流,促进多民族大家庭在经济上共同发展,在文化上共同繁荣,在政治上相互尊重,平等与和睦相处,最终实现多民族国家在多元一体格局下的民族大团结(藤星,2010)。通过各民族之间双向的了解和互动,主体民族成员和少数民族成员牢固树立"中华一家亲"思想,进而牢固树立中华民族命运共同体意识。

多元文化整合教育倡导民族教育办学模式的改革,呼吁通过构建一种为所有成员共享,体现多元文化诉求的多元文化教育氛围,使"多元"能够整合融入"统一体"。当前,民族教育改革中的民汉合校和多民族混合编班等形式正是对这一教育理念的有力实践。多元文化整合教育理念为本研究提供了一个全新的思维视角,即不仅要关注少数民族大学生在学校适应中的特殊性,还要通过多元校园文化环境建设铸牢他们的中华民族共同体意识。

(二)青少年社会化理论

社会化理论是研究在特定的人类社会交往中,个体经过与外界环境相互影响,逐步转化成为社会属性过程的理论(黄涛,2019)。人是社会性动物,社会化是个体生命在成长过程中的重要任务。人的社会化包含两个含义:一是作为社会学习者,个体在社会中通过学习活动,掌握社会知识,技能和规范;二是作为社会参与者,个体积极地参加社会活动,介入社会环境,参加社会关系系统,再现社会经验。因而,人的社会化就是个体学习他所生活其中的那个社会长期积累起来的知识、技能、观念和规范,并把这些知识、技能、观念内化为个人的品格和行为,在社会生活中加以再创造的过程(风笑天,2005)。

学界针对社会化的具体内涵存在争议。刘豪兴、朱少华(1993)从生活基本需求的角度将个体的社会化任务分解成四个层面:一是习得基本的生活知识;二是内化社会的行为规范;三是掌握劳动的职业技能;四是确立时代的理想信念。黄育馥(1986)则从社会融入的角度将个体社会化的内容归纳为政治社会化、道德社会化、性别角色社会化和再社会化。比较有代表性的则是陈锡敏(2012)从个体生命发展历程的角度将社会化分成不同类型:① 基本社会化。这是个体生命早期的社会化,主要学习语言和其他基本的认知技能。② 预期社会化。这是儿童和青少年时期的主要任务,个体通过学习里的正规教育学习将来要扮演的社会角色。③ 发展社会化。这是成人阶段的社会化任务,为了应对生活中不断出现的新情况和新内容,个体需要学会承担新的责任,义务和角色。④ 反向社会化。这是不同世代间的知识互动,即年轻人因为对新技术的掌握和新观念的接受要比成年人更为容易和迅捷,因而会将知识文化反向传递给前辈。⑤ 再社会化。这是个体与自己的过去决裂,将截然不同的规范和价值标准内化。综合以上分类,我们可以发现,社会化理论基本上都是围绕个人发展与社会之间的关系展开。它不仅关注个体的内化规范、价值和态度,还强调个体心理发展、知识技能变化和社会角色多样性等内容。目前能形成共识的是,人的社会化是通过社会教育和个人内化的互动进行的(费梅苹,2010)。家庭、学校、社区、同辈群体、工作单位、社会文化和大众传播媒介等因素都会参与到社会化过程中,个人通过模仿学习、主管认同、角色扮演和自我强化等形式进行着社会规范的内化和社会理想的认同。

大学生的社会化是大学生通过进一步的教育学习逐步适应社会生活的

过程,使得社会文化得以积累和延续,社会结构得以维持和发展,人的个性得以形成和发展(郑杭生,2003)。当前我国大学生在社会化过程中存在一些突出的共性问题。陈锡敏(2012)将其概括为如下几个方面:

(1)社会的主流教化与心理叛逆同时存在。大学生对思想政治教育整体上缺乏兴趣,倾向质疑一切程式化和已成定论的东西,厌烦道德性说教。

(2)思想上重视情商等非智力因素的提高,实际行动中却表现出盲目性。大学生已经意识到非智力因素社会化的必要性,但并不确切了解其中的内涵,在行动中表现出盲目性特点。

(3)对新事物接受快,但缺乏辨别正误的能力。大学生因认识局限,往往全盘接受新奇观点和信息,容易导致社会化的方向发生偏差。

(4)充分享受虚拟生活,远离真实人际交往。作为与互联网共成长的一代人,网络已经深深嵌入了大学生的现实生活,导致他们现实生活中的人际关系淡漠,人际情感隔膜和人际误解增加。

(5)推崇个性自由,社会公德意识淡漠。大学生崇尚个性自由,但并不了解个性与自由的实质,容易因缺乏社会公德意识而侵犯他人权益。

(6)国家民族意识强烈,公民意识相对淡薄。大学生大多关注国家发展,对国家民族具有强烈的归属感和使命感,但没有意识到个体作为公民应该承担的义务和责任。

针对大学生群体的特殊性,教育管理部门要充分把握和利用教师、同学、社团、网络、家庭和校园文化等因素,对他们因势利导,提升他们的社会化水平。相比较汉族大学生,少数民族大学生的特殊性主要体现在民族社会化上。民族社会化是使个体成为所属民族成员的过程,对一个民族的发展和文化传承非常重要。它是民族发展和文化传承的心理基础,也是个体民族认同的关键来源。针对少数民族大学生的教育管理不仅要根据一般性的教育规律性特点,还要把握少数民族大学生的民族特殊性,要将他们的学校适应和民族社会化有机结合起来,促进他们的全面健康发展。

（三）教育生态理论

由于受到自然环境、社会环境和经济全球化等因素影响，人们的生态意识越来越强烈，对优质生态教育的需求也日益增长，进而促使教育生态学的研究日趋兴盛。克雷明（2009）指出在教育生态学的研究中，要运用生态学的机理来考察教育问题，用生态学的问题来思考教育问题。例如，我们不能把教育失败的问题完全归咎给学校，必须要看到学校以外的其他因素也应该要对此承担责任。教育生态学的研究目的，是通过探究不同层次的教育主体和客体与相关生态环境因子之间的关系，为教育生态主体的发展建立一个科学合理的生态环境（袁洁婷，2013）。因此，我们可以把教育理解为一个有机的，有别于其他层次生态系统的，相对独立的社会子系统，并与其周围的生态环境紧密联系（王加强、梁元星，2008）。当前，教育生态学研究主要有两个视角：一是微观视角。该研究取向强调在复杂和动态环境中研究个体行为和环境的互动，发现教育现象及其成因，揭示教育规律，从而为优化教育生态环境提供方法指导。二是宏观视角。该研究取向聚焦于教育系统的内部结构，生态分布以及生态功能，探究各个层次中教育主客体与各种生态因子间的相互关系和作用机理。

在教育生态理论中，环境扮演了至关重要的角色。Bronfenbrenner（1989）提出的生态系统环境分类框架是迄今为止最为深入的分析框架。他认为，教育系统中的环境是由四个由近及远子的系统构成的一个层次序列系统，这四个子系统分别是微观系统、中观系统、外层系统和宏观系统。微观系统是一个身处特定环境发展中的个体所亲身经历的一系列活动、角色和人际关系模式。这个系统必须是个体直接面对和能接触的，并具有某种物质和物理特性。同时，它还包括具有鲜明气质、人格特征及信仰的其他人。例如家庭、学校、同伴、工作场所等都是个体经历的微观环境系统。中观系统包括发展中个体在内的两个或多个环境之间的作用过程与联系。它是微观系统的系统，比如家庭和学校的联系、学校与工作单位的联系等。外层系统指发生在两个或多个环境之间的作用过程与联系。这些环境当中，至少有一个不包括发展中的个体在内，但是其中发生的事件都会对微观系统之间的作用过程产生影响。例如父母的工作环境会影响他们在家庭中的行为,并因此影响到子女的成长。子女虽并不直接参与父母的工作环境,但却受到它的间接影响。宏观系统包括特定的文化、亚文化或其他更广泛的社会背景模式。例如社会阶层、种族、特定历史进程中的群体、时代或生活风格等都可以归属于这一范畴。这些系统之间层层嵌套并相互关联,对受教育的主体产生直接或间接作用,构成了教育的生态化背景。

在本书研究中,少数民族的学校适应障碍并非受发生于个体内单一因素的影响,也受到教育生态系统中诸如校园文化、环境给养、家庭、人际互动、师生关系和教学管理等其他因素影响。教育生态理论为本研究中的少数民族大学生学校适应障碍原因的解读提供了一个可能的理论解释框架。

三、国内外文献回顾

大学生活是人生发展的重要阶段,既是个体成长的新阶段,也是融入社会的过渡阶段(任冉,2020)。在此阶段,青少年会面临很多人生挫折,在见识大学这个小社会的不同方面之后,会产生一系列的学习、生活和心理问题。在西方发达国家的高等教育中,面向学生的学习指导中很早就包含对他们的适应能力进行探索和实践的相关项目(Fuertes et al.,1994)。学界普遍意识到,当学生进入一个全新学习环境后,能否对其快速适应决定了他们以后学习的成功与否(Fuertes et al.,1994;Dennis et al.,2005)。

学界对学校适应的界定虽然各有侧重,但大多是从社会适应角度出发,再加以"学校"情境的限制。例如 Corsini & Uehling(1954)就将学校适应定义为学生在学校中充分利用自身技能解决问题及满足自我需要的程度。学界相关研究主要从两个角度展开。一是从结果状态视角切入,研究者认为学校适应是学习适应、生活适应和心理适应等内容的总和。但相关研究在对学校适应的内涵解读上则存在差异。Anton & Reed(1991)将大学生的学校适应解构成九个维度,分别是焦虑、抑郁、自杀倾向、自尊问题、人际关系问题、家庭问题、学业问题和职业问题八个维度。但是,大学生的上述问题并不必然与大学环境密切相关,而是他们在进入大学之前就已经存在。Baker & Siryk(1999)则将大学生学校适应解构成学习适应、社会适应、情感适应和学校认同四个维度。Merker et al.(2001)则将学校适应解构成疑病、抑郁、癔症、精神病态、气概、妄想狂、精神衰弱、精神分裂、狂躁和社会内向十个维度。相比较而言,Baker 的研究内容与大学校园环境的关系十分密切,而 Merker 的研究内容则与大学生的心理情感密切相关。二是从影响因素视角切入,研究者认为学校适应是学习者在一定社会背景下自身资源与环境互动的过程。Terrell et al.(2014)和Walker & Graham(2021)的研究结果表明,大学生的学校适应问题是多方面的,存在学校适应问题的学生往往也会存在自我认同低下和神经质等心理健康问题。Stanley et al.(2008)的研究表明,来自农村地区的大学生学校适应水平要明显低于来自城市地区的大学生。Cooper et al.(2022)的研究则表明,性格、性别、教师帮助、同学互动和学校文化环境等因素都能显著影响大学生的学校适应。比较有意思的是 Pancer & Hunsberger(2000)的研究。他们发现,大学生在入学以前对大学生活往往存在很多不切实际的期待,假如他们能对大学生活有较多的了解和心理准备,他们对大学生活会有更好的适应表现。

近十几年来,学界开始关注特殊群体的学校适应问题。Makarova(2021)的研究表明,少数族裔学生往往缺乏专业兴趣,消极的自我观念也抑制了他们在学业上的成功。Bayram(2021)的研究还表明,少数族裔学生会遭受更多的歧视和偏见,也缺少外部环境尤其同学间的支持。相关研究表明,少数族裔大学生的学校适应问题会因其族群特点而表现出更多差异性,他们的学校适应问题是社会建构的复杂过程,其与诸多影响因素之间并不存在简单的线性关系。

自 20 世纪 90 年代高等教育不断大众化以来,国内学者才开始关注大学生群体的学校适应问题。邹泓等(2007)认为学生对学校的态度以及学校背景下的人际关系是衡量学校适应的重要指标。刘志军(2004)将学校适应分解成学业和非学业两个方面,前者以学业成绩为指标,后者以人际关系或社会行为为指标。杨兆山和高鹏(2012)则从状态结果角度将学生的适应划分为积极适应和消极适应。积极适应指学生既要适应当下,也要适应未来,学生个体既要适应学校,学校也要适应学生。积极适应的价值就在于个体在与环境的博弈中,保持积极进取的状态。消极适应是指学生对自身及环境变化发展的一种被动应对状态。值得一提的是,国内学者认为我国高校与国外高校在学校活动和部门设置等方面存在诸多不同,国外的许多量表并不适用国内大学生,因而从不同角度编制了新的大学生学校适应量表。其中,卢谢峰(2003)的量表重视人与环境的和谐共处,包括大学生对校园整体环境的认同和身心状况。侯静(2013)的问卷重视大学生的人际关系方面,认为校园生活中与大学生人际相关的问题包括师生关系、同学关系和集体关系等。阳红(2015)的问卷则凸显了专业适应性的重要性,对学业适应和专业适应做了严格区分。相关结果表明,国外对大学生校园适应的分析方法同样适用于中国学生,但必须要考虑中国教育环境的文化特殊性。整体来看,国内主流的学校适应研究主要是以汉族大学生为研究对象,对少数民族大学生关注不够。

就少数民族大学生的学校适应的专题性研究而言,张拴云(2006)认为,少数民族大学生的学习适应主要存在于学习环境、学习内容、学习态度和学习动机等方面。白亮(2006)认为,少数民族大学生的文化意识很强,文化适应的困境会在他们身上体现得异常突出,在文化适应过程中也比较容易出现心理问题。高俊(2007)的调查显示,云南高校少数民族大学生的心理状况不容乐观。他们的心理健康水平低于全国青年常模,且明显低于本校汉族学生,心理问题检出率也高于全国部分大学生。周鹏生(2007)发现,少数民族大学生存在人际困扰,在人际交往方面普遍表现出不信任,存在一定程度的人际敏感性。就综合性研究而言,包根胜(2016)的研究发现,少数民族大学生大多存在学习效率低下、自我肯定减少、人际交往圈子狭窄和对未来规划迷茫等问题。刘晓华和刘晓鹰(2016)的研究则表明,少数民族大学生在校园适应过程中会对族群身份产生抗拒心理,进而影响他们的社会心理发展。从影响因素角度来看,常永才(2004)发现,生活事件、学业困难、就业忧虑、受人误解和经济困难是影响少数民族大学生心理适应的主要因素。左学玲(2014)的研究则发现,汉语言水平、中小学教育基础、民族间的文化差异、学习氛围和学校教育制度是影响少数民族大学生学习适应的主要因素。相关研究从研究视角和原因分析维度为少数民族大学生的学校适应研究提供了重要启示。

当前，国内外有关大学生学校适应的研究表现出如下趋势：

（1）研究对象需要进一步拓展。针对大学生群体的多样性，学界开始关注亚裔、西班牙裔和非洲裔学生的学校适应问题，并尝试从跨文化角度进行理论建构。就中国国内的教育现状而言，目前需要对跨省份的少数民族大学生展开进一步研究。

（2）研究领域需要进一步扩大。针对互联网技术的快速发展，学界开始关注网络学习和虚拟社区等新兴现象对大学生学校适应的影响。作为与互联网共成长的一代，国内少数民族大学生在网络情境下的学校适应问题需要展开进一步研究。

（3）研究方法需要进一步多元。针对学校适应和影响因素的复杂性，学界开始综合运用问卷、访谈、日志和观察等多种方法开展数据收集和分析。

四、研究框架

本书从多元文化整合教育和教育生态学角度审视内地高校少数民族大学生的学校适应现象，并将他们的学校适应障碍视为一种群体社会化现象，认为学校作为他们学习生活的主要场景对此具备一定的调试转化能力。据此，本书研究从生态语境观出发，尝试从整体关联和互动协同角度将"学校环境—个体认知—学校适应"纳入一个统一的分析框架，认为少数民族大学生学校适应的调试性重构需要整合个体发展和学校教育的协同优势，践行内地高校多元文化整合教育的应有之路。

除第一章绪论和最后一章结论外，本书主体的七个章节可分为四个部分，分别是学校适应整体研究（第二章）、学习适应专题研究（第三章和第四章）、生活适应专题研究（第五章和第六章）和心理适应专题研究（第七章和第八章）。

第二章为少数民族大学生学校适应的整体分析。大学阶段是个体人生发展中最为关键的一个时期,既是个体逐步社会化的关键期和准备期,也是个体心理发展的不稳定期。本章节主要关注少数民族大学生在学习适应、生活适应和心理适应中的普遍性特点,并通过借鉴复杂系统理论的主要观点和分析模式,从学校环境因素和个体自我调节两个方面对学校适应各维度上的影响因素进行全面分析。研究结果有助于加深对在异地高校就读少数民族大学生学校适应性的认识,帮助他们开展积极健康的大学生活,促进民族和谐和共同进步。

第三章关注少数民族大学生在移动环境下的英语学习投入问题。在移动环境下,学习者如何有效建构自己的学习行为来实现有意义的学习是英语自主学习领域的重要议题。本章借鉴生态给养理论,探究移动环境中少数民族大学生的给养感知与他们英语学习投入之间的内部关系。对相关问题的讨论有助于加深对移动环境下学习者学习行为和学习心理的认识,在丰富和拓展生态给养理论研究内涵的同时,也能为新时期的英语移动教学模式创新提供指导和借鉴。

第四章关注少数民族大学生在网络环境下的自我调节学习问题。针对少数民族大学生英语听说基础薄弱和整体水平较差等问题,开展网络自主学习来弥补课堂输入的不足已成当前少数民族外语教学改革的必由之路。本章在调研少数民族大学生网络自我调节学习能力的基础之上,探讨其对提升他们英语听力能力的作用机制问题。研究结果有助于拓展网络环境下的自我调节学习的研究内容,也有助于从理论上进一步揭示学习环境、学习行为和学习结果的互动机制问题,更好地服务少数民族大学生的外语教育。

第五章关注少数民族大学生的在虚拟社会化问题。虚拟社会化作为青少年社会化的新范式,对于他们的认知、情感、意志和行为等会产生重大影响。本章以少数民族大学生的虚拟社会化为研究对象,关注网络情境下他们的媒体识读能力与虚拟社会化的关系问题。对于相关议题的考察,一方面有助于更好了解新媒体语境下少数民族大学生的媒体识读能力和虚拟社会化表现,针对他们的特殊性从学校教育角度提出有针对性的辅导措施,另一方面将相关理论和少数民族大学生的特殊性相结合也有助于更好地揭示媒体识读能力对虚拟社会化的影响机制,完善新时期少数民族大学生人才培养模式的创新。

第六章关注少数民族大学生的亲社会行为问题。亲社会行为是个体社会化的一个重要组成部分,是个体在社会化过程中形成的一种心理和行为倾向,在他们的心理健康、人际关系和社会适应中发挥至关重要作用。本章以少数民族大学生的亲社会行为为研究对象,从社会认知视角探究其普遍性特点,进而分析人际关系敏感性与移情在亲社会行为中的互动机制问题。对相关问题的讨论有助于加深对少数民族大学生亲社会行为的认识,进一步了解社会认知系统对他们亲社会行为的影响过程,对于校园精神文明建设和少数民族大学生的学生管理也具有启发性意义。

第七章关注少数民族大学生的心理社会发展问题。加强大学生心理健康教育是全面推进素质教育的重要内容,是培养高素质人才的重要环节,对于新时期高素质人才的培养具有重要作用。少数民族大学生的心理健康问题反映在学习、生活、家庭和工作的方方面面,对于相关问题的考察不应该仅仅局限在思想教育领域,需要进一步拓展该议题的研究领域。本章以少数民族大学生的心理社会发展为研究对象,探究他们的校园经验投入与心理社会发展之间的内在关系。对相关问题的讨论有助于加深对少数民族大学生在特殊人生阶段心理健康的认识,并从校园文化建设和心理健康教育角度为他们的学校适应提供有针对性建议。

第八章关注少数民族大学生的双向族群认同问题。青少年在与文化环境的互动过程中,会逐渐对族群概念以及文化规范产生深刻体认,并建立自身独有的价值信念。少数民族大学生在处理本民族文化和主流文化的过程中,需要在继承中转化、在学习中超越、在交流中发扬,推动中华民族共同体建设的新气象。本章主要从社会语言学角度出发,以少数民族的双向文化认同为研究对象,探究他们的语言态度与双向文化认同之间的关系。研究结果有助于加深对高校少数民族大学生双向文化认同的认识,并从校园语言规划角度对他们双向文化认同的建构提供有针对性建议。

本书整体的内容架构如下图所示：

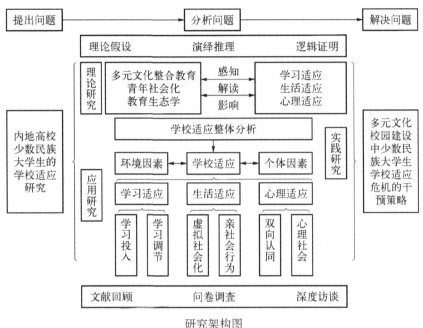

研究架构图

五、研究意义

（一）理论价值：从多元文化角度深化学校适应研究的理论探索

少数民族大学生大多来自民族聚居地区，针对他们的教育管理和生活服务问题是一个有待深入讨论的重要议题。本课题将少数民族大学生置于生活世界中心，通过对他们的学校适应情况进行详细描写，并借鉴"生态给养理论"从"学校环境给养"和"个体认知调节"两个角度对可能的影响因素进行分析，不仅能深度理解少数民族大学生的学校适应现状和潜在演化趋势，也有助于从多元文化语境出发，在比较与借鉴中完善学校适应研究的理论建构。

（二）应用价值：为少数民族大学生的教育指导提供优化路径

针对当前一段时期的学校管理，教育部强调在"安全有序推进开学"和

"从严从紧防控疫情"的同时,要"强化学校管理服务保障"。本课题针对少数民族大学生的学校适应问题,采取"自下而上"视角对他们在校园生活中所能获得的环境给养进行详细描写,进而探索两者的互动机制问题,能从教育支持角度为他们校园适应的调试性重构提供优化路径。当前,越来越多少数民族大学生进入异地高校学习,本书研究成果具有一定的普适性和推广价值。

第二章　学校适应性综合研究

一、引言

　　大学生的学校适应性不仅影响他们的在校生活,也关系到他们的未来发展,对它的研究一直是国内外学者关注的重点(张秀秋、单长艳,2006)。Guinee(1998)认为,大学阶段是个体人生发展中最为关键的一个时期,既是个体逐步社会化的关键期和准备期,同时也是个体心理发展的不稳定期。在此过程中,大学生的学习环境、生活环境和交往环境都发生巨大变化,他们的身心、知识、性格和世界观也全方面地走向成熟(任冉,2020)。但是,个别学生也会因为不能正确处理理想大学生活和现实大学生活之间的矛盾而导致出现心理障碍或精神疾病,甚至导致极端事件发生(楼仁功、潘娟华,2005)。大学教育作为促进人类发展的重要媒介,不仅担负着知识传递的重任,更蕴含着个体生存和发展的重要价值问题。学界已经普遍意识到,开展大学生的学校适应教育可以帮助他们尽快地适应新环境,帮助他们在原有基础上快速进步,并帮助他们发现及发展自己的可发展性(张梦廷,2006)。少数民族大学生大多来自民族聚居地区,当他们带着本民族的文化模式进入大学时,面临的首要任务就是尽快解决"文化震荡"所带来的心理和行为问题。民族高等教育的整个过程,实际就是引导少数民族大学生对新的社会环境和文化氛围进行心理调适以达到新的和谐过程(杨玉芹,2008)。本章拟以浙江省两所高校的少数民族大学生为研究对象,通过借鉴复杂系统理论对他们的学校适应性问题开展多角度研究。研究结果有助于加深对在异地高校就读的少数民族大学生学校适应性的认识,帮助他们开展积极健康的大学生活,促进民族和谐和共同进步。

二、研究理论

复杂系统理论又被称为动态系统理论,指具有智能性和自组织自适应性的一定数量的主体能够对内外部信息做出反应的系统(Frenken,2005)。它与牛顿时代以来人们所提出的简单系统理论相比具有本质不同。简单系统组成要素之间的相互作用比较弱,以至于我们能够应用简单的统计方法来研究它,但复杂系统却往往是突变、涌现、涨落,没有一定规律可循的系统,受各种外部和内部多重因素影响而发生无法预测的变化,如股价的涨跌、癌症细胞的生灭等。复杂系统中的个体一般具有一定的智能性,可以根据自身所处的环境按照一定规则进行智能判断或决策。该理论最早用于研究数学、物理和气象学等领域的动态复杂现象,后被引入教育领域,用于解释学习者能力和素养等方面的非线性发展。根据徐婷(2015)的回顾和总结,该理论的主要观点可概括如下:

(1)整体性。整体性指作为系统构成要素按照某种方式整合,产生出整体具有而独立构成要素或部分要素总和所不具有的性质和功能。整体性可以表现为整体大于各部分之和,即具有交互作用的各部分在组合时,被包容在系统中的各个构成要素所具有的一些特质,在各部分孤立时一般不会出现,只有通过整体并在整体之中,这些特质才会出现并得到发展。整体性也可以表现为整体小于部分之和,即各部分孤立时所具有的优良的性质和功能会在系统中消失。系统的性质、功能以及演化规律只有从整体上才能表现出来。

(2)开放性。开放性指复杂系统边界与外部环境的相互作用,系统不断与外部环境进行物质流、能量流和信息流交换,并最终使系统向更好地适应环境的方向发展变化的过程。开放的系统不断地与外部环境进行物质、能量、信息交换,在开放的条件下维持和生存,同时开放的系统还具有自组织的能力,能通过反馈进行自控调节,以达到适应外部环境变化的目的。开放的系统能够保证系统的结构和功能稳定,具有一定的抗干扰能力,在同外部环境的相互作用中,具有不断地复杂化和完善化的演化能力,以此进行系统性的自我成长与更新。

(3)层次性。层次性指构成复杂系统的不同要素组成的结构在属性、地位和功能上表现出等级秩。高层次系统由低层次系统构成,低层次从属于高层次,进而形成整个系统层次上的差异。系统的不同层次发挥着不同层次的系统功能,从而构成复杂系统相对独立又相互联系的层次综合体。整体系统表现了系统的各个层次所没有的新特征,局部的层次不能代表和说明整体,低层次也不能代表和说明高层次。

(4)涌现性。涌现性指在复杂系统中由于系统内各组成要素之间产生拮抗作用,在某一平衡点上受到内在或外在强弱因子的干扰而产生突显现象,具有不可预测性。复杂系统包含着大量冲突,系统内的各构成要素和部分都有自身永恒的动力进行对抗,正是这些力量的对抗或者障碍才是系统组织发展的关键因素。在一个复杂系统发展过程中,不能随时预见变化,这样的变化也无法预测,只知道它会发生。整体性是复杂系统最基本的特性,没有整体性也就不可能有涌现性,涌现性必须建立在整体性的基础上,但又不能等同于整体性,因为它具有突变性。

(5)协同性。协同性指在复杂系统中存在着相互竞争而又相互合作的关系,即竞合关系。在复杂系统中,输入环境中的物质、能量和信息等,会刺激内部各构成要素和层次处于涨落状态,促使内部各构成要素和层次根据周围环境的不断变化而进行自身调整,同时不断地发生相互促进、相互竞争、相互制约等作用,从而使系统处于最佳状态。复杂系统的自组织、有序化或者突变等现象,其根源往往是系统内部各构成要素和层次之间的有效协同的结果。

(6)非线性。非线性指复杂系统内各构成要素之间的相互作用以及系统的演化过程是一种非遵从简单线性关系的制衡关系。线性总是强调有因就有果,但复杂系统在演变过程中的正反馈和负反馈往往交替影响变换,使得行为难以预测。系统复杂的构成要素和层次正是通过系统开放、运行过程中的涨落、突变和涌现,以及充分利用广阔的内外环境条件进行非线性作用,才能实现自身的自组织行为。

具体到本章研究而言,学校适应是大学生适应学校环境的结果,个体通过社会化,明了自己的社会权利和义务,形成了与学校教育要求相一致的知识、技能、价值观和性格,与复杂系统理论的相关假设有很好的匹配性。从复杂系统理论来看,大学生的学校适应就是一个不断被打断但又不断趋于完整的过程,天然就具有从封闭到开放、从静态到动态、从规则到变化、从稳定到变异、从渐进到凸显、从独立到关联、从线性到非线性的发展过程。它既不是简单向受内部因素驱动,也不是简单受外部环境因素影响,而是与内外部因素存在着相互作用、相互决定的复杂动态关系。具体而言,复杂系统理论关照下的大学生学校适应性表现出如下特点:大学生对于学校教育环境的适应,不仅通过改变个体自身的特征、认知等方面来应对环境的变化,也可以通过能动地改变环境使之适合个体发展。大学生与学校教育环境的互动是一个动态发展的过程,互动状态并不是静止不变,而是不断变化、不断寻求新平衡的过程。适应的最终目的是寻求个体与学校教育环境的平衡,平衡是衡量适应水平并引发能力突变的重要标准。大学生群体通过发挥自己的主观能动性与学校教育环境相协同,实现个人的社会化。

以往研究在讨论少数民族大学生的学校适应性问题时,未充分考虑他们的个体背景差异,对于个体认知因素在学校适应中的作用也未充分考量,不能很好揭示复杂系统视角下他们学校适应性的普遍性特征。综上所述,本研究的主要问题如下:

(1) 少数民族大学生的学校适应性存在何种特点?

(2) 性别、年级和城乡籍贯与他们的学校适应性存在何种关系?

(3) 外部环境和个体认知与他们的学校适应性存在何种关系?

三、研究设计

(一) 研究对象

本研究调查对象为浙江省两所普通高校的146名少数民族大学生。在所有调查对象中,男性50人,女性96人;来自农村地区的有94人,来自城市地区的有52人;大一新生39人,大二学生52人,大三学生55人。

(二) 研究工具

本项研究通过问卷调查和访谈等方式获取研究所需数据。

调查问卷改编自邹小勤(2014)和刘江(2019)的相关研究。改编涉及对原始问卷中某些题项的删除及个别句子的修订。经过两位教授的内容评判和小范围施测，正式版本的"学校适应问卷"包含五个部分，分别是学习适应（3个维度9个题项）、生活适应（3个维度和9个题项）、心理适应（3个维度和9个题项）、学校环境因素（1个维度和4个题项）和个体认知调节（1个维度和2个题项）。整份问卷均采用李克特五分量表。数字"1"表示"完全不符合"，数字"5"表示"完全符合"。在问卷中，学习适应中的学业压力维度和心理适应中的三个维度采用负向赋分，其他维度都是正向赋分。问卷的维度构成和评估要点见表2.1。正式版本问卷见附录1。

表 2.1 问卷的维度构成和评估要点

	一级维度	二级维度	评 估 要 点
学校适应	学习适应	学习参与度	考勤、作业完成情况和学习主动性
		学业压力（负向）	学习负担、考试压力和毕业焦虑
		学业满意度	学校环境、教师授课和考核方式
	心理适应	心理抑郁（负向）	自身精神状态
		心理不平衡（负向）	对他人学习成就的评价
		情绪失调（负向）	自身精神状态调节
	生活适应	同学关系	同学关系、互动和交往主动性
		师生关系	师生关系和交往主动性
		生活自理能力	生活作息、学习娱乐矛盾和独立能力
影响因素	学校环境因素	信息服务	学校官方报道中的能见度
		学习服务	课后专门学习辅导
		生活服务	特殊生活需求的满足
		文化服务	文化活动中的能见度
	个体自我调节	自我面向	依靠自我调节
		他者面向	依靠他人调节

问卷以纸质形式发放,共发放 160 份,剔除个别题项回答缺失和所有题项回答一致的无效问卷后,最终有效问卷 146 份,问卷有效率为91.25%。可靠性分析表明,学校适应部分的 Cronbach's α 系数为 0.842,影响因素部分的 Cronbach's α 系数为 0.636。内容相关性分析表明,各分量表与总量表的相关系数介于 0.303—0.784 之间,且皆具有显著性特征。这表明本份问卷内部一致性较好,具有较好的信度和效度。相关系数见表 2.2。

表 2.2　学校适应问卷各分量表与总量表的相关性

		生活服务	信息服务	学习服务	文化服务	自我调节	他人调节	学习适应	心理适应	生活适应
问卷总分	皮尔逊相关	0.572*	0.521*	0.584*	0.563*	0.303*	0.447*	0.660*	0.679*	0.784*
	显著性(双尾)	0.000	0.000	0.000	0.000	0.000	0.000	0.000	0.000	0.000

注: * $p < 0.05$

访谈形式为半结构式,用于了解受试在学校适应中的体验与反思。研究者根据受试的学校适应表现,选取了十名受试进行访谈(五男五女)。访谈涉及以下内容:① 对大学教学方式的适应性;② 对自身心理健康的反思;③ 对大学生活方式的适应性;④ 对学校教学管理服务的建议。典型的访谈题目有"你觉得大学学习和高中学习有什么区别?""当你心情不好时,你会采取什么方式缓解?"和"你最不能容忍的室友习惯有哪些?"等。

（三）数据分析

数据分析在 SPSS 19.0 中进行,主要应用如下:

1. 过描述性统计对所有受试的学校适应和影响因素进行描述性分析。

2. 通过 Factorial ANOVA 检验性别、城乡籍贯和年级在学校适应各维度上的交互效应。

有关统计所涉及的变项情况如下:

因变量：① 学习适应；② 心理适应；③ 生活适应。

自变量：① 性别，M＝男性，F＝女性；② 城乡籍贯，R＝农村地区，U＝城市地区；③ 年级，F＝大一，S＝大二，J＝大三。

3. 通过回归分析探讨学校环境因素和个体认知调节在学校适应各维度上的预测效应。

有关统计所涉及的变项情况如下：

因变量：① 学习适应；② 心理适应；③ 生活适应。

自变量：① 生活服务；② 信息服务；③ 学习服务；④ 文化服务；⑤ 自我调节；⑥ 他人调节。

四、研究结果

（一）学校适应性和影响因素整体分析

通过对学校适应问卷中的反项题项进行处理，将其转化为正项数据，所有受试最终都可得到 13 个分数，包含校园适应性的整体得分及各分项分数。表 2.3 呈现了学校适应性及学习适应、心理适应和生活适应 3 个维度的平均分及标准差。表 2.4 呈现了影响因素中学校教育服务和个体认知调节两个维度的平均分及标准差。各组数据基本呈正态分布，说明本章研究受试选取合理，能较好代表当前少数民族大学生学校适应性的现状。

表 2.3　学校适应性整体分析

	N	最小值	最大值	平均值	标准差
校园适应性	146	8.86	43.33	27.55	5.73
学习适应	146	3.00	14.00	10.14	1.77
学习参与度	146	1.00	5.00	3.93	0.81
学业压力	146	0.66	4.00	2.40	0.83
学业满意度	146	1.00	5.00	3.81	0.93

	N	最小值	最大值	平均值	标准差
心理适应	146	3.33	12.00	9.07	2.33
心理抑郁	146	0.33	4.00	2.92	0.95
心理不平衡	146	0.33	4.00	2.92	0.95
情绪失调	146	1.00	4.00	3.22	0.82
生活适应	146	3.00	11.00	8.34	1.40
同学关系	146	1.00	3.00	2.37	0.44
师生关系	146	1.00	5.00	3.48	0.81
生活自理能力	146	1.00	3.00	2.49	0.52

　　表 2.3 表明,基于满分 45 分的学校适应性而言,均值为 27.55,因而受试整体的学校适应性表现一般,略超过临界值 27。就各分项表现而言,他们的学习适应表现最好,均值达到了 10.14,其次为心理适应,均值为 9.07,较次之为生活适应,均值为 8.34。就标准差而言,受试的整体感知及各分项感知的波动范围在 0.44—0.95 之间,这表明其内部差异比较明显。相比较而言,内部差异最不明显的是生活适应,最明显的是心理适应。在学习适应中,受试在学习参与度与学业满意度上表现较好,均值都接近 4,学习压力的感知也不强,均值只有 2.4。这表明受试对于当前的大学教育比较满意,不存在过大的学习压力。在心理适应中,受试在情绪失调中的表现较好,但在心理抑郁和心理不平衡中存在一定问题,后两者的均值都没有超过临界值 3。这表明受试对于自身的心理状态有一个较为清晰的认识,但也存在一定的心理健康问题。在生活适应中,受试在师生关系上的表现最好,在同学关系和生活自理能力上则存在一定问题,后两者的均值都没有超过 2.5。这表明受试在日常人际交往和日常生活管理上存在一定问题。综合上述讨论,本研究少数民族大学生学校适应性的典型特点可概括为学习适应>心理适应>生活适应。

表 2.4　影响因素整体性分析

	N	最小值	最大值	平均值	标准差
生活服务	146	1	5	2.78	1.212
信息服务	146	1	5	3.21	2.804
学习服务	146	1	5	3.12	0.909
文化服务	146	1	5	3.18	1.028
自我调节	146	1	5	3.60	0.936
他人调节	146	1	5	3.44	1.076

表 2.4 表明,就影响因素的六个分项而言,受试在自我调节上的感知最好,均值为 3.60;次之的是他人调节,均值分别为 3.44;较次之的是信息服务、文化服务和学习服务,三者的均值分别为 3.21,3.18 和 3.12;在生活服务上的感知则最差,均值为 2.78。从标准差来看,六个影响因素的数值波动也比较大,标准差波动范围为 0.909—2.804。以上分析表明,受试对于学校适应中的个体认知调节感知较好,对于学校教育服务的感知则存在一定提升空间。同时,在影响因素中也存在内部指标发展不均衡和个体差异明显等问题。

（二）个体因素与学校适应性的交互分析

本部分拟从性别、年级和籍贯三个个体因素角度切入,探讨他们在学校适应三个维度上是否存在交互效应。

1. 个体因素与学习适应的交互分析

析因分析表明,性别、年级和籍贯对学习适应的主效应不明显（$F = 0.344, p > 0.05; F = 1.083, p > 0.05; F = 0.297, p > 0.05$）。这表明,不同性别的少数民族大学生在学习适应上不存在显著性差异,不同籍贯的少数民族大学生在学习适应上不存在显著性差异,不同年级的少数民族大学生在学习适应上也不存在显著性差异。此外,性别 * 年级（$F = 0.443, p > 0.05$）,年级 * 籍贯（$F = 0.075, p > 0.05$）在学习适应上的主效应也不显著。这表明,性别与年级,年级与籍贯在学校适应上不存在两两交互作用。但是性别＊籍贯($F=4.681,p<0.05$)在学习适应性上的主效应显著,这表明性别与籍贯在学校适应上存在两两交互作用。相关数据见表2.5。

表2.5　个体因素与学校适应的交互分析

源	Ⅲ类平方和	自由度	均　方	F	显著性
修正模型	32.745ª	11	2.977	0.938	0.507
截　距	11 586.358	1	11 586.358	3 648.959	0.000
性　别	1.093	1	1.093	0.344	0.558
年　级	6.877	2	3.438	1.083	0.342
籍　贯	0.942	1	0.942	0.297	0.587
性别＊年级	2.815	2	1.407	0.443	0.643
性别＊籍贯	14.663	1	14.663	4.618*	0.033
年级＊籍贯	0.479	2	0.240	0.075	0.927

注: *$p<0.05$

　　由于性别和籍贯在少数民族大学生的学习适应上存在交互效应,研究者对此展开进一步分析。事后比较表明,在男性少数民族大学生中,农村地区和城市地区生源之间不存在显著性差异($F=1.164,p>0.05$)。但女性少数民族大学生中,农村地区和城市地区生源之间存在显著性差异($F=4.256,p<0.05$),城市地区生源的学习适应性要好于农村地区生源。两者的交互效应如表2.6所示。

表2.6　性别和籍贯在学习适应上的交互效应

		N	均值	标准差	F	Sig	事后比较
男性	农村	30	10.58	1.66	1.164	0.286	
	城市	20	10.03	1.88			

续　表

		N	均值	标准差	F	Sig	事后比较
女性	农村	64	9.78	1.82	4.256	0.042	城市＞农村
	城市	32	10.56	1.64			

注：* $p < 0.05$

2. 个体因素与心理适应的交互分析

析因分析表明,性别、年级和籍贯对心理适应的主效应不明显($F = 0.954,p > 0.05;F = 0.866,p > 0.05;F = 0.404,p > 0.05$)。这表明,不同性别的少数民族大学生在心理适应上不存在显著性差异,不同籍贯的少数民族大学生在心理适应上不存在显著性差异,不同年级的少数民族大学生在心理适应上也不存在显著性差异。此外,性别 * 年级($F = 2.073,p > 0.05$),年级 * 籍贯($F = 0.010,p > 0.05$),性别 * 籍贯($F = 0.826,p > 0.05$)在心理适应上的主效应也不显著。这表明性别与年级、年级与籍贯和性别与籍贯在心理适应上不存在两两交互作用。相关数据见表 2.7。

表 2.7　个体因素与心理适应的交互分析

源	III 类平方和	自由度	均　方	F	显著性
修正模型	42.645[a]	11	3.877	0.693	0.743
截　距	8 981.007	1	8 981.007	1 605.753	0.000
性　别	5.338	1	5.338	0.954	0.330
年　级	9.687	2	4.844	0.866	0.423
籍　贯	2.257	1	2.257	0.404	0.526
性别 * 年级	23.191	2	11.595	2.073	0.130
性别 * 籍贯	0.058	1	0.058	0.010	0.919
年级 * 籍贯	9.239	2	4.619	0.826	0.440

注：* $p < 0.05$

3. 个体因素与生活适应的交互分析

析因分析表明,性别、年级和籍贯对生活适应的主效应不明显($F=0.892, p>0.05; F=1.393, p>0.05; F=1.388, p>0.05$)。这表明,不同性别的少数民族大学生在生活适应上不存在显著性差异,不同籍贯的少数民族大学生在生活适应上不存在显著性差异,不同年级的少数民族大学生在生活适应上也不存在显著性差异。此外,性别 * 籍贯($F=0.154, p>0.05$)年级 * 籍贯($F=0.667, p>0.05$)在学习适应上的主效应也不显著。这表明,性别与籍贯,年级与籍贯在生活适应上不存在两两交互作用。但是性别 * 年级($F=2.581, p>0.05$)在生活适应性上的主效应显著,这表明性别与年级在生活适应上存在两两交互作用。相关数据见表 2.8。

表 2.8　个体因素与生活适应的交互分析

源	III 类平方和	自由度	均　方	F	显著性
修正模型	74.917[a]	11	6.811	0.872	0.569
截　距	24 409.418	1	24 409.418	3 125.458	0.000
性　别	6.963	1	6.963	0.892	0.347
年　级	21.760	2	10.880	1.393	0.252
籍　贯	10.841	1	10.841	1.388	0.241
性别 * 年级	40.313	2	20.156	2.581*	0.039
性别 * 籍贯	1.203	1	1.203	0.154	0.695
年级 * 籍贯	10.420	2	5.210	0.667	0.515

注: * $p<0.05$

由于性别和年级在少数民族大学生的生活适应上存在交互效应,研究者对此展开进一步分析。事后比较表明,在男性少数民族大学生中,不同年级群体之间存在显著性差异($F=3.973, p<0.05$),大一学生的生活适应性要好于大二学生,大三学生的生活适应性要好于大二学生。在女性少数民

族大学生中,不同年级群体之间存在显著性差异($F=5.515,p<0.05$),大三学生的生活适应性要好于大二学生和大一学生,大二学生的生活适应性又要好于大一学生。整体而言,男性少数民族大学生在不同年级的生活适应表现出 U 形的特点,而女性少数民族大学生在不同年级的生活适应性则表现出稳定上升型特点。两者的交互效应如表 2.9 所示。

表 2.9　性别和年级在生活适应的交互效应

		N	均值	标准差	F	Sig	事后比较
男性	大一	13	8.97	0.84	3.973*	0.025	大三>大二 大一>大二
	大二	13	8.36	0.95			
	大三	24	9.164	0.75			
女性	大一	26	7.82	1.80	5.515*	0.019	大三>大二>大一
	大二	39	8.04	1.35			
	大三	31	8.23	1.50			

注:$* p<0.05$

（三）学校适应性的影响因素分析

皮尔逊双尾检验显示,受试的学习适应与影响因素之间存在不同程度的显著性相关,但相关程度不是很高。从各分项的相关性来看,文化服务、自我调节与学习适应的相关性最好,达到了中度相关,相关系数分别为 0.399 和 0.339。生活服务、学习服务、信息服务和他人调节与学习适应之间存在轻度相关,相关系数介于 0.296—0.142 之间。其中,生活服务和学习服务与学习适应的相关性又要好于信息服务和他人调节。心理适应与影响因素之间则不存在任何的显著性相关关系。生活适应则与生活服务、学习服务和文化服务之间存在显著的轻度相关。总体上,本研究中的六个影响因素与学习适应的关系最密切,与生活适应的关系次之,与心理适应的关系最不密切。具体的相关系数如表 2.10 所示。

表 2.10   学校适应与影响因素的相关性

		生活服务	信息服务	学习服务	文化服务	自我调节	他人调节
学习适应	皮尔逊相关性	0.296**	0.142	0.279**	0.399**	0.339**	0.183*
	显著性(双尾)	0.000	0.088	0.001	0.000	0.000	0.027
心理适应	皮尔逊相关性	0.102	0.053	0.121	0.049	0.045	0.027
	显著性(双尾)	0.219	0.524	0.145	0.556	0.589	0.743
生活适应	皮尔逊相关性	0.198*	0.092	0.258**	0.182*	0.119	0.151
	显著性(双尾)	0.016	0.269	0.002	0.028	0.152	0.069

注：* $p < 0.05$

为进一步确认学校适应与影响因素之间的关系,研究者以六项影响因素为自变量,以学校适应的三个分项为因变量,分别进行进入式多元线性回归,以检验学校环境因素和个体认知因素对学校适应各分项的单独影响和贡献程度。回归结果显示,学习适应与影响因素的模型决定系数为 $R^2 = 0.224$,方差检验值 $F = 6.682, sig. < 0.001$,因而该模型具有统计意义,即六个影响因素对学习适应具有很好的预测作用,可以累计解释其22.4%的变异。在该模型中,学习服务($Beta = 0.241$)和自我调节($Beta = 0.235$)能影响学习适应。比较而言,文化服务的回归效应要大于自我调节。心理适应与影响因素的回归模型不具有统计学意义, $R^2 = 0.020$,方差检验值 $F = 0.475, sig. = 0.826 > 0.001$。这表明本文中的六个影响因素与心理适应之间不存在任何的预测作用。生活适应与影响因素的回归模型也具有统计学意义, $R^2 = 0.178$,方差检验值 $F = 3.955, sig. < 0.001$。这表明文中的六个影响因素对于生活适应也具有一定预测作用,但只解释生活适应17.8%的变异。在该模型中,生活服务的影响最大($Beta = 0.247$),其次为他人调节($Beta = 0.221$)。相比较而言,学习适应模型的方差拟合度最好,生活适应投入模型的方差拟合度则较弱。相关回归系数见表 2.11。

表 2.11　学校适应与影响因素的回归分析

模　　型		未标准化系数		标准化系数	t	显著性
		B	标准误差	Beta		
学习适应	（常量）	6.508	0.706		9.218	0.000
	生活服务	0.162	0.145	0.111	1.121	0.264
	信息服务	0.012	0.052	0.019	0.240	0.811
	学习服务	0.417	0.173	0.241	2.405*	0.017
	文化服务	0.127	0.203	0.065	0.627	0.532
	自我调节	0.447	0.153	0.235	2.926*	0.004
	他人调节	−0.052	0.149	−0.032	−0.352	0.725
心理适应	（常量）	8.011	1.043		7.681	0.000
	生活服务	0.112	0.214	0.058	0.525	0.600
	信息服务	0.012	0.076	0.015	0.162	0.872
	学习服务	0.315	0.300	0.123	1.051	0.295
	文化服务	−0.101	0.256	−0.044	−0.393	0.695
	自我调节	0.103	0.226	0.041	0.455	0.650
	他人调节	−0.094	0.220	−0.043	−0.427	0.670
生活适应	（常量）	11.468	1.204		9.526	0.000
	生活服务	0.109	0.247	0.247	2.440*	0.011
	信息服务	0.000	0.088	0.000	0.003	0.998
	学习服务	0.638	0.346	0.208	1.843	0.068
	文化服务	0.016	0.296	0.006	0.055	0.956
	自我调节	0.257	0.260	0.087	0.987	0.325
	他人调节	0.054	0.254	0.221	2.213*	0.031

注：* $p < 0.05$

五、研究讨论

（一）学校适应性

整体来看，少数民族大学生的学校适应性表现为广泛性与综合性，稳定性与变异性的统一。广泛性指少数民族大学生所遭遇的学校适应障碍在其他大学生群体中也广泛存在。所有大学生都有可能遭遇本研究中的一种或几种适应障碍，只是在不同时期表现出来的激烈程度存在差异。综合性指少数民族大学生的环境适应障碍往往是多种因素综合作用的结果。一方面，社会的复杂性和变化的急剧性给现代校园带来影响。另一方面，学校的开放和信息量的增加也对大学环境适应造成一定程度影响。稳定性指少数民族大学生的学校适应性表现一般，相对于汉族大学生，还存在较大的提升空间。变异性指少数民族大学生在学校适应性的内部维度上存在明显差异，各维度发展不均衡。这呼应了复杂系统理论的相关观点，即本研究中的学校适应性是一个相对独立又相互联系的层次综合体，其典型特点可概括为学习适应＞心理适应＞生活适应。因而，本研究中少数民族大学生的学校适应性是一个以学习适应为核心，以心理适应为过渡，以生活适应为边缘的复杂系统。

就学习适应而言，少数民族大学生的表现最好，均值达到了 10.11。这与其他有关汉族大学生的相关研究结论相呼应。究其原因可能有两点：一方面可能与学习者自身的特性有关。作为大学生，他们都经过了高考的洗礼，从一定意义上来说都是当地的学习佼佼者。他们在过往的学习过程中已经发展出了自主学习和自我管理的能力，能有效开展个性化学习。另一方面也可能与学校在教学过程中的有效管理有关。在少子化背景下，各个高校都狠抓教学管理来提升教学质量，以便吸引更多的优质生源。很多任课老师也会通过混合式教学等形式提供优质和丰富的学习资源来帮助学习者学习，网络技术的发达也让学习者可以随时随地向教师请教。Sperber & Wilson(2001)认为，学习的本质是个体与环境动态选择和互动的过程，因为学习者都是从环境中提取线索来建构适合于特定交际的语境。本研究结果表明学习者的主动学习和学校教师的有效管理是确保少数民族大学生学习适应的重要因素。

就心理适应而言,少数民族大学生的表现次之,均值为 9.07,略超过临界值。这表明心理健康并非是少数民族大学生在学校适应中的首要问题。但不可否认的是,心理抑郁和心理不平衡在绝大多数少数民族大学生身上也存在(两者的均值都没有超过临界值 3)。从访谈结果来看,少数民族大学生的心理抑郁主要体现在对家人的思念和对未来的担忧。一方面,很多少数民族大学生都是第一次离开家乡,甚至个别少数民族大学生还是第一次过群居生活,当他们进入相对社会化的校园生活和微妙的人际关系网中,会自然而然表现出一定的心理焦虑。另一方面,很多少数民族大学生的高考分数并不高,往往是高考服从志愿,面对自己未必喜欢的专业以及对未来所从事职业的发展缺少信心时,这种焦虑心态会更加严重。心理不平衡则表现在他们的自我心理期待与现实环境的不相符上。正如上文提及,少数民族大学生往往是当地的学习佼佼者,会表现出较高的自尊和自我期待,当他们在学生社团比赛或学业成绩上的表现不如其他同学时,就会容易出现心理不平衡。值得一提的是,个别少数民族大学生的家庭经济状况不佳,属于精准帮扶对象,当他们面对家庭条件比较优越的沿海地区学生时,也会出现消极情绪。

就生活适应而言,少数民族大学生的表现不佳,均值只有 8.34。这表明生活适应问题是少数民族大学生面临的首要问题。从三个分项来看,他们在师生关系上不存在问题,但在同学关系和生活自理上则存在一定问题。不同于某些中小学教师的严肃和刻板,大学老师往往温暖亲切,更愿意以平等的姿态与学生进行交往。在日常教学中,他们也会有意或无意地对少数民族大学生进行特殊关照,这些都会无形中拉近师生间的距离。同时,大学日常管理中除了专任教师外还配备了很多辅导员,可以多角度地满足学生学习或生活需求。在同学关系上,少数民族大学生则表现不佳。社会学习模式认为,文化适应的过程就是不断学习的过程,当个体离开熟悉环境,进入一个陌生环境时,就会对当地人的态度、感觉、信仰、价值观以及行为感到不确定(Gudykunst,1998)。表现在本研究中就是少数民族大学生在与其他同学交往时会缺乏主动投入的意识,并表现出很大的防备心理。访谈中,有少数民族大学生就提及,个别大学生的人际交往过于功利化和世俗化,会让他们感到心理不适。同时,还有少数民族大学生提及,他们在与其他同学交往时会十分敏感,会刻意留意别人的脸色和语言表达以确定他人对自己的评价和态度。至于生活自理能力较弱,可能还是与他们当前的人生阶段相关。作为年轻人,他们有时候沉溺游戏或作息时间不规律自然也不令人奇怪。

(二)个体因素与学校适应性

从研究结果来看,个体因素与少数民族大学生的学校适应性存在不同作用机制。具体而言,性别、籍贯与年级只在学习适应和生活适应上存在交互效应,在心理适应上则不存在交互效应。这也呼应了复杂系统理论的相关观点,即少数民族大学生的个体因素在他们的学校适应中存在着相互竞争而又相互合作的关系,个体因素间的协同最终导致不同学校适应结果的涌现。

具体而言,性别与籍贯在少数民族大学生的学习适应上存在交互效应。在男性少数民族大学生中,农村地区和城市地区生源之间不存在显著性差异。但在女性少数民族大学生中,城市地区生源的学习适应性要好于农村地区生源。这表明,城乡差异与女性少数民族大学生在学习适应上的协同性要更明显。一方面,城乡教育资源本身就存在不均衡,城市学生有很大概率接受更好的学校教育。另一方面,城市家庭往往拥有更高的社会经济地位,社会经济地位会影响个体拥有主流语言资源及机会的多寡(温红博等,2016)。两者的共同作用导致城市地区的女性少数民族大学生在学习成绩和学习适应上的表现都要好于农村地区的女性少数民族大学生。至于城乡与籍贯在男性少数民族大学生身上不存在显著性差异也可能有两方面原因。一方面,男性大学生往往对自身期望更高,在高中学习中的整体表现也会好于女性大学生。另一方面,一些农村少数民族家庭往往存在重男轻女现象,更愿意在男孩子身上进行教育投资,从而弥补城乡教育资源的差距。有一个酒店管理专业的布依族女生就提及,她的母亲就特别重男轻女,有时候连生活费都不会按时给,更没有关心过她的日常学习。

性别与年级在少数民族大学生的生活适应上存在交互效应。男性少数民族大学生在三个年级的生活适应表现出 U 形特点,而女性少数民族大学生在三个年级的生活适应则表现出稳定上升型的特点。从研究结果来看,男性少数民族大学生的生活适应表现呼应了 Black & Mendenhall(1991)的"U 曲线理论",而女性少数民族大学生的生活适应表现则呼应了杨军红(2009)的"压力应对理论"。

"U 曲线理论"将文化适应过程划分为四个阶段,分别是蜜月期、震惊期、调试期和适应期。Black & Mendenhall(1991)认为,个体来到一个新的文化环境时,会对新文化感到新鲜和好奇,会被新文化所吸引,从而进入蜜月期。但蜜月期并不长久,很快个体就会进入文化震惊期,因为他会遭遇各种各样问题,会体验挫败和孤独等情绪。在某些外因作用下,个体会进入调试阶段,开始熟悉新文化下的行为准则,知道如何在新文化背景下表现得体,并开始逐渐适应新环境,最后达到完全适应阶段。在本研究中,男性少数民族大学生虽然没有像 Black & Mendenhall(1991)所说的那样经历文化休克,但从他们的表现来看,确实表现出 U 曲线的特点。从访谈结果来看,男性少数民族大学生刚进入大学时,会充满好奇心,也乐于积极表现自己。但当他们的理想大学生活与现实大学生活发生冲突时,他们就会通过反思挫折来改变自己。从访谈结果来看,男性少数民族大学生的生活适应表现出如下特点:大一时因为人生地不熟,喜欢个体生活,对教学规章制度存在敬畏感,不敢随意迟到或旷课;大二时会有自己的人际交往圈子,在学习和娱乐的选择中经常会因为玩游戏而影响学习;大三时因为专业课的开设开始考虑自己的未来人生规划,重新规划自己的人际交往圈子,更注重功利性。

"压力应对理论"从动态角度对个体在异文化中的行为表现进行分析。该理论认为,跨文化交流是一个文化的个人或群体向另一个文化学习的调整和发展过程。当个体在进入一个新的文化环境时,他们习以为常的生活方式、行为习惯甚至思维方式和价值观念都受到冲击,导致人们在认知、行为和情感等方面发生变化,这种变化会给个体带来压力,从而被迫做出一些应对和调整(杨军红 2009)。这种应对和调整不是直线型的,而是表现为循环式的"压力—调整—前进"的动态过程。同时,这个过程的快慢速度取决于个体在异文化中的能力、交流密切程度、与本文化保持社会交流的程度、本文化对外来文化的容纳性以及个人对异文化的态度、开放性和精神恢复能力等(陈向明,1998)。从本章研究结果来看,女性少数民族大学生的生活适应恰好表现出了压力应对的特征。从访谈结果来看,她们的生活适应表现主要经历了群体比较与积极区分两个阶段。群体之间的比较是获得身份认同的重要手段,个体通过内外群体差别化的界定和评价来正确认识自己(邹小勤,2014)。在本章研究中,女性少数民族大学生对自身的民族身份比较认可,倾向于以积极的特征来标记自己的族群身份。为了满足她们的自尊或自我激励,她们会有意识地将自己与其他同学进行区分,通过更加积极的学习投入来展现自己优秀的一面。在此过程中,她们在新环境中的生活适应会稳步推进,适应中的压力或防御性姿态也会逐步降低。

(三)学校适应性与影响因素

研究发现,本章所选取的六个影响因素对少数民族大学生的学校适应存在一定的预测作用。这表明少数民族大学生的学校适应也是可调试的,同时也呼应了复杂系统理论的相关观点,即个体需要充分利用广阔的内外环境条件进行非线性作用才能实现自身的校园适应性发展,但影响因素的积极影响、消极影响和无影响往往是交替变换,使得校园适应的发展方向难以预测。从研究结果来看,六个影响因素在学习适应和生活适应上存在积极影响,但在心理适应上则不存在影响。

具体而言,学习服务和自我调节显著预测少数民族大学生的学习适应。已有研究表明,校园学习环境是影响少数民族大学生学习适应的主要原因(Cortazzi and Jin,2000)。校园学习环境通常可分为硬环境和软环境,硬环境指学生赖以成才的物质基础,包括各种教学设施、生活设施以及文化活动场所,软环境则指教育氛围中具有代表性的对学生发展起主导作用的教师活动、文化价值及校园精神(李言成,2013)。本章研究中的学习服务主要指学习软环境建设。从访谈结果来看,少数民族大学生对当前的校园学习服务比较满意。一方面,教师的课堂教学活动按照教学计划有目的展开,帮助学生建构起基础理论与专业知识的框架。另一方面,课外辅导和课外讲座则是课内知识的开拓和延伸,是学生巩固知识,陶冶情操和提高技能的必要手段。自我调节则是少数民族大学生在学习过程中,充分发挥自己的主动性和能动性,依靠自我的反思和调整使自己的学习达到最优状态(李辉,2010)。以往研究表明,学习者的学习调节水平能显著预测他们的学习表现(Zimmerman,1989)。本章研究结论呼应了上述观点。从访谈结果来看,调节学习能力较强的少数民族大学生能主动采取有效措施调节自身的认知和情感,从而减少学习拖延行为,提升学习有效性。值得一提的是,本章研究中少数民族大学生的学习调节主要表现为自我调节。这可能与学习适应的特殊性有关,因为学习本身就是一个相对以自我为中心的任务。

生活服务和他人调节能显著预测少数民族大学生的生活适应。在本研究中,生活服务主要关注学校的物质环境和文化环境。物质环境主要指校舍建设、生活设施、场馆设施和园林景观等,是大学生健康成长的基础条件,而文化环境则是指以校园为主要空间,以社会文化为背景在学校教育、学习、生活和管理过程中所共同创造的精神财富的总和,是大学生健康成长的重要力量(李辉,2010)。已有研究表明,大学校园中的物质环境和文化环境是大学教育的第二课堂,而以物质环境和文化环境优化为基础的生活服务能对大学生的成长产生潜移默化作用(王德照,2020)。本章研究结论呼应了上述观点。从访谈结果来看,少数民族大学生对于物质环境中的清真食堂提及较多,认为这充分考虑了部分群体的饮食需求。但是对于文化环境中的多元文化校园建设,访谈对象则存在一定期待,认为当前的校园文化建设并未充分考量和展示少数民族大学生的多样性。不同于学习适应,生活适应更多表现为个体与他人的互动,因而他人调节的影响效应在生活适应中要更突显。

六、研究结论及建议

本章研究目的在于考察少数民族大学生在学校适应中的主要特点及其影响因素。研究结果表明:

(1) 少数民族大学生的学校适应性整体表现一般,但也存在内部差异大和发展不均衡等问题。他们学校适应性的典型特点可概括为：学习适应＞心理适应＞生活适应。

（2）个体因素在学习适应和生活适应中存在不同类型的交互效应。性别和籍贯在学习适应中存在交互效应，性别和年级在生活适应中存在交互效应。

（3）六个影响因素对少数民族大学生的学校适应存在不同程度的预测作用。学习服务和自我调节显著预测学习适应，生活服务和他人调节显著预测生活适应。

上述发现加深了我们对沿海地区高校少数民族大学生学校适应性特点的认识，对于当前多元文化校园建设中的少数民族大学生教育管理和教育服务也具有一定启发意义。

针对上述研究发现，研究者建议：

（1）通过教育制度优化促进少数民族大学生的学习适应。教育制度是少数民族大学生学习适应提升的建设基点，也是形成良好学习环境的基础。从本研究结果来看，教育制度的优化要注重加强学生的自我教育，要根据少数民族大学生的思想特点，创新教育形式，帮助他们将教育要求引发的外部压力转化为主动学习的内在动力，自觉克服不良思想和行为。同时，在教育制度的具体施行过程中要注重双向沟通和教育针对性，要树立尊重学生、认识学生和服务学生的观念，要根据少数民族大学生的学习基础，因材施教，制定出与之相适应并对学习有利的教学体制、教育模式及培养方案。

（2）通过心理辅导的干预促进少数民族大学生的心理适应。心理健康是少数民族大学生顺利完成学业，适应社会的必备条件，也是当前学校文化建设的重点。从本研究结果来看，少数民族大学生虽然不存在严重的心理障碍问题，但也表现出某些症候。心理咨询教师在帮助和改善大学生的心理健康方面具有不可替代作用，要尽可能多地参与到少数民族大学生的日常生活管理，帮助他们建立积极的认知方式，提高心理健康水平。同时，针对少数民族大学生的生源特点和心理特点，心理辅导教师也要去了解和学习少数民族文化以及一些相关的风俗习惯，以便更有针对性地开展他们的心理辅导工作，促进少数民族大学生心理健康教育长效机制的建立和优化。

（3）通过多元校园环境建设促进少数民族大学生的生活适应。多元校园文化建设是少数民族大学生社会环境适应优化的建设重点，也是高校文化校园建设的重要内容。通过多元文化校园环境的建设，可以让少数民族大学生充分发挥其独特的个性优势，形成独立的人格和张扬的个性，完全融入大学校园的生活环境。在多元文化校园的建设过程中，要把开发富有特色的文化环境和提升少数民族大学生的主体意识相结合，一方面要加强他们有关中华民族共同体的意识，另一方面要增强他们主动参与校园文化建设的自觉意识。在具体实施过程中，要注意把多元文化的理念渗透到学校的制度文化和日常的活动方式中，保证多民族和谐和多民族团结等内在价值能有效传递给所有大学生。

第三章　移动学习投入研究

一、引言

《大学英语教学指南》(2017)指出，要"推进最新信息技术与课程教学的融合"，"积极创建多元的教学与学习环境"。目前，我国高校都在加紧外语教学信息化建设，在大学英语教学改革的推动下，教学模式信息化得到加速发展(陈坚林、张迪，2014)。随着移动技术的发展和普及，移动学习与外语教学的整合已成为国内外学者共同关注的话题(胡增宁、常怡，2019)。已有研究表明，移动外语教学模式在理论上符合以学习者为中心的理念，在实践上适应教育信息化的发展趋势，具有较大的可行性和操作性(刘晓红、郭继东，2018)。但是，一种外语教学模式的效果受多种因素制约，其中学生因素最不能忽视。在移动环境下，学习者如何有效建构自己的学习行为来实现有意义的学习是英语自主学习领域的重要议题(Pawan et al.，2003)。但已有研究主要聚焦于学习过程中的师生互动或同学互动，对移动环境与学习主体的互动尚未进行系统性论述。生态给养理论认为，语言学习者和学习环境之间存在复杂的相互关联性，学习环境中虽然存在大量给养，但并非所有给养都有利于语言习得(Aronin and Singleton，2010)。当前，移动学习已成为大学英语教学新形态，在给学习者带来较大自主性的同时也对他们的学习行为管理提出了更高要求。本章拟借鉴生态给养理论，以内地高校少数民族大学生在移动环境中的英语学习投入为切入点，探究环境中的给养感知与他们英语学习投入的内部关系。对上述问题的讨论有助于加深对移动环境下学习者学习行为和学习心理的认识，在丰富和拓展生态给养理论研究内涵的同时，也能为新时期的英语移动教学模式创新提供指导和借鉴。

二、研究理论

(一)生态给养理论

社会文化理论是在苏联心理学家和教育家维果斯基开创的文化历史心理学的基础上发展起来的,研究重点是社会关系和文化制品在人类特有思维中的核心角色(林明东,2020)。该理论认为,语言符号具有社会属性,语言学习就是认知过程和社会活动联系在一起的社会文化现象。生态给养理论与社会文化理论的兼容性很强,两者都关注语言学习的社会文化环境以及学习过程中各个变量的整体性,并把他们看作语言学习过程中的重要元素。但不同的是,生态给养理论更关注环境在语言学习中的重要性,认为环境是借助语言调节认知的重要"给养供应站",在给养充足的环境下,学习者可以获得更多的机会锻炼使用语言。

给养一词最早由美国心理学家吉布森(Gibson,1979)年提出,并将其定义为"环境为动物所给予、提供和配置的,也许是积极的,也许是消极的"。吉布森认为,给养是环境中所蕴存的潜在的行为可能性,该可能性的存在与环境中的认知和行动能力密切相关,但又独立于行动者的感知能力而存在。究竟什么内容能成为给养,取决于有机生物做什么、怎么做以及它认为什么是有用的。换言之,环境为我们提供了一系列的机会和资源,在某个生物体可获得的范围之内,只有当该生物体认为有意义时才会转化为给养。因而,给养既不是环境的固有属性,也不是个体的固有属性,而是在两者的互动中"涌现"(emerge)出来的(黄景　等,2018)。章登科和喻衍红(2010)系统回顾了给养的特性,其要点可概括如下:

(1)环境提供的给养是那些环境所呈现的东西、提供的信息以及它所邀请你做的事情。

(2)环境中事物的意义和价值能够被直接感知,事物的价值和意义是显而易见的。

(3)给养和动物本身相关,给养只能用生态学衡量,而不能用物理学衡量。

（4）环境提供的给养是不变的。

（5）给养具有整体性，当人们看到物体时感知的是物体的给养而非尺寸大小。

（6）给养是行为者和环境的相互作用，既不是主观性也不是客观性，是一种系统的观点。

在二语习得领域，给养被解读为个人在采取行动时获得的内容。它是学习者在环境中将所能获得的学习资源和互动学习机会，通过学习转化为对能力发展有意义的内容。生态给养理论由宏观和微观两部分组成。宏观的给养理论包含三个要素：语言使用者、环境和语言。给养的产生是三者共同作用的结果，不同语言学习者在同一个环境中，或同一个学习者在不同环境中，给养转化情况都是不同的（Aronin and Singleton，2011）。对不同生物体来说，对一个生物体的有效给养，可能对其他生物体就无效。例如森林里的叶子可以被蜘蛛用来避雨，也可以被人用来生火取暖。对同一个生物体来说，不同情境中转化的给养也不同。例如鲜花是被人用来观赏的，但在饥饿状态下，也可以当做食物进食。微观上，给养由感知、解读和行动三者之间的持续互动作用形成一个循环。语言使用者感知环境所提供的学习资源和互动学习机会，对其进行解读，进而采取相应的学习行动，将其转化成给养。如果语言学习者是积极的，就会感知并解读环境中的语言学习给养，利用他们采取语言学习行动。从这个意义上来说，语言给养的评估单位不是语言输入，而是寻找学习者从环境感知、解读到的对语言学习有意义的内容。同时，环境中也存在没有被学习者识别的给养，而没有被学习者识别的给养仍作为意义潜势存在于环境中。因而，给养是从具体的活动中浮现出来的，可以从学习者参与学习活动过程中所包含的学习资源、互动学习机会和行动上调查转化给养的状况（Van Lier，2000）。

生态给养理论为本章少数民族大学生的英语学习投入研究提供了一个全新的解释框架，即要通过分析学习环境中的各种因素是否"给养"了作为预定目标的能力发展来优化学习环境。

（二）网络给养与学习投入

"学习投入"是个体在学习历程中的行为、感觉和思考历程（Kuh，2003）。它是学习者对学习活动表达的一种承诺与付出之意，具体反映在他们对学习任务的热情及参与（Fredricks et al.，2004）。英语学习投入是学习者在学习活动中高度活跃且愉快的情感、行为和认知参与（Balwant，2017）。学界对学习投入的认识经历了一个过程，从早期的"时间任务管理"转向"学习物质消耗"和"学习体验质量"等方面（Suliman，2018）。当前，学界虽对"学习投入"的概念内涵还存在一定争议，但大都认可其是由"行为""情感"和"认知"三个因素构成的复合体（Fredericks et al.，2004）。除去某些实证调查类研究，国外相关研究主要从学习心理学角度展开。该视角将学习投入视作一种变量，研究其与学业表现和环境因素的关系。已有研究表明，学习投入既是学习者学习过程中的重要观测指标，也是他们学业成就的核心预测指标（Chen and Kraklow，2015）。国内学者紧跟国际前沿，从中国英语教学实际出发，针对学习投入问题开展了多角度研究。尚建国（2018）调查了中国学习者的英语学习投入现状，发现他们的行为投入、认知投入和情感投入整体表现较好。洪晖钧和杨叔卿（2014）的研究表明，学习投入中的行为投入和情感投入能对习得结果产生直接预测作用。刘珍等（2012）、苏琪（2019）则以学习者的个体因素为切入点，发现自我、学习动机、课堂焦虑等因素能影响学习者的学习投入。相关研究加深了对中国英语学习者学习投入的认识，表明学习投入在二语习得中存在重要且复杂的作用机制。

但已有研究主要聚焦于现实环境，对网络环境中的学习投入关注不够。Akbari et al.（2016）的研究表明，学习投入具有情境性，网络环境独有的教学组织方式会影响学习者的学习投入。电脑学习（C-learning）和移动学习（M-learning）是两种主要的网络学习形式，前者通过台式或笔记本电脑进行学习，后者则通过手机等便携式设备进行学习。两者虽然都借网络技术使学习得以实现，但在指引性、移动性、便利性和兼容性等方面存在一定差异（Cheng，2015）。当前，学界对移动学习持较为积极态度，认为它拓展了传统学习的空间，要比电脑学习更有利于实现自主学习（Hayes and

Weibelzahl，2016)。但 Terras & Ramsay(2015)则认为，移动学习因其跨环境的特性会对学习者的认知资源有较高要求。Davis(1989)的技术接受模型(TAM)表明，学习者在学习过程中的感知有用性和感知易用性会影响他们对技术的使用意图。电脑学习与移动学习的环境差异明显，学习者在其中的自适应性也存在差异，但当前相关研究在考察学习投入时鲜有注意到两者的区别。针对移动学习的特殊性，少数民族大学生的移动学习投入表现出何种特征有待进一步探究。

国内的英语学习投入研究主要从结果状态角度出发，针对不同学习群体的学习投入现状展开评估或关注学习投入与学业成绩之间的关系，有关学习投入影响因素的研究十分缺乏。从生态给养角度开展相关研究则是一个较为新兴的视角。因为，给养揭示了个体和环境之间的交互决定关系，对于理解和设计学习环境有着重要的生态性价值(Day and Lloyd，2007)。同时，环境中的给养能帮助学习者积极地进行能动性塑造，学习环境的优化也有利于个体学习行为的改善(Aronin and Singleton，2012)。

就移动学习而言，教师要创设富技术和富资源的学习环境，帮助和支持学习者实现有效自主学习(杨玉芹，2014)。陈真真(2019)、刘晓红和郭继东(2018)等虽注意到移动学习中人际给养的特殊性，但对其中的资源给养和网络给养等细节性因素并没有充分讨论。此外，给养虽然具有客观性，是环境中所有资源所具有的属性，但并非所有给养都有利于行为产生，学习者的效能会让他们选择或使用哪些给养(Young et al.，2000)。从这个意义上来看，不同学习者在相同环境下所感知的学习给养是不同的，因为给养只提出建议，而效能则进行处理(李彤彤、武法提，2016)。本章研究的主要目的在于揭示少数民族大学生在移动学习中的给养感知和学习投入特点，进而揭示两者之间的潜在关系。综上所述，本研究主要问题如下：

(1) 少数民族大学生的移动学习投入和环境给养感知表现出何种特点？

(2) 少数民族大学生的环境给养感知与他们的移动学习投入之间存在何种关系？

三、研究设计

(一)研究对象

本章研究调查对象为浙江省内一所高校的少数民族大学生。在所有调查对象中,男性 36 人,女性 68 人。所有学生都具备基本信息素养,都曾使用过"大学英语体验学习系统""超星学习平台"和"U 校园学习系统",对移动学习工具比较熟悉,能较好地适应网络环境下的英语学习。

(二)研究工具

本章研究通过问卷调查和访谈等方式收集数据。

问卷包含两份,分别是"移动学习投入问卷"和"给养感知问卷"。"移动学习投入问卷"改编自 Davis(1989)、李爽和喻忱(2015)的相关问卷,"给养感知问卷"改编自贾非等(2019)的相关问卷。改编涉及原始问卷中某些题项的删除及个别句子的修订。经过两位教授的内容评判和小范围施测,正式版本的"移动学习投入问卷"包含四个部分,分别是行为投入(3 个题项)、外在情感投入(3 个题项)、内在情感投入(3 个题项)和认知投入(6 个题项),正式版本的"给养感知问卷"包含三个部分,分别是网络给养(3 个题项)、资源给养(3 个题项)和人际给养(3 个题项)。两份问卷均采用李克特五分量表。数字"1"表示"完全不符合",数字"5"表示"完全符合"。事后统计表明,"移动学习投入问卷"的 Cronbach's α 系数为 0.928,"给养感知问卷"的 Cronbach's α 系数为 0.921,说明两份问卷内部一致性较好,可用于后续分析。两份问卷的维度构成和评估要点见表 3.1。正式调查问卷见附件 2。

表 3.1　问卷的维度构成和评估要点

	一级维度	二级维度	评 估 要 点
英语学习投入问卷	行为投入	学习行为	学习的自我要求、时间安排和专注
	情感投入	内在情感	学习的兴趣、信心和价值

	一级维度	二级维度	评 估 要 点
英语学习投入问卷	情感投入	外在情感	对系统易用性、乐趣性和便利性的认同感
	认知投入	自我调节策略	对时间、环境和任务等的调节能力
环境给养感知问卷	网络给养	系统操作体验	系统可访问性、可追踪性和结构清晰性
	资源给养	资源获取体验	学习内容的引导性、情境性、启发性
	人际给养	人际互动体验	师生交际的流畅性、社会性和有效性

问卷以纸质形式发放，共发放问卷 120 份，剔除个别题项回答缺失和所有题项回答一致的无效问卷后，最终有效问卷 104 份，问卷有效率为86.67％。

访谈形式为半结构式，用于了解受试在学习过程中的体验与反思。研究者根据受试的学习投入表现和最终英语成绩，选取了六名受试进行访谈（三男三女）。访谈涉及四方面内容：（1）对移动学习的适应性；（2）移动学习中学习行为的自我调节；（3）移动学习环境的评价；（4）对自主学习课程的建议。典型的访谈题目有"你认为用手机学习和在语言实验室学习有什么区别？""你平时如何管理自己的手机学习？"和"你认为学习平台对你的英语听说水平提高有什么帮助？"等。

（三）数据分析

数据分析在 SPSS 19.0 中进行，主要应用如下：

（1）对所有受试在移动环境中的给养感知和学习投入进行描述性分析。

（2）对环境给养感知和英语学习投入的潜在关系进行相关分析和回归分析。

有关统计所涉及的变项情况如下：

因变量：（1）行为投入；（2）内在情感投入；（3）外在情感投入；（4）认

知投入。

自变量：(1)网络给养；(2)资源给养；(3)人际给养。

四、研究结果

(一)环境给养感知与移动学习投入的现状

所有受试均有9个分数，包含环境给养感知和移动学习投入总分及7个分项的得分。表3.2呈现了环境给养感知及网络给养、资源给养、人际给养3个分项的平均值及标准差。表3.3呈现了英语学习投入及行为投入、内在情感投入、外在情感投入、认知投入4个分项的平均值及标准差。各组数据基本呈正态分布，说明本研究受试选取合理，能较好代表国内中低英语水平大学生的现状。

表3.2　环境给养感知的主要统计量

主要统计量	环境给养感知	网络给养	资源给养	人际给养
平均值	11.73	3.80	3.96	3.97
标准差	2.057	0.812	0.712	0.704

表3.3　英语学习投入的主要统计量

主要统计量	英语学习投入	行为投入	内在情感投入	外在情感投入	认知投入
平均值	15.46	4.04	3.75	3.75	3.92
标准差	2.704	0.449	0.799	0.760	0.718

表3.2表明，对于满分15分的环境给养感知而言，均值为11.73，说明受试整体的环境给养感知表现较好。就各分项表现而言，他们对资源给养感知最好，均值达到了3.96，其次为网络给养感知，均值为3.80，较次之为人际给养感知，均值为3.97。就标准差而言，受试的整体感知及各分项感知的波动范围在0.704—0.812之间，这表明其内部差异比较明显。相比较而言，内部

差异最明显的是网络给养感知,资源给养感知和人际给养感知则比较接近。

对于满分 20 分的英语学习投入而言,受试的均值为 15.46,这表明受试的整体学习投入也尚好。就内部四个分项而言,受试在行为投入上的表现最好,均值为 4.04,次之的是认知投入,均值分别为 3.92,较次之的是外在情感投入和内在情感投入,两者的均值都是 3.75。同时,受试在英语学习投入上的内部差异性较环境给养感知更不明显,标准差波动范围为 0.449—0.799。以上分析表明,少数民族大学生在移动学习中的环境给养感知和英语学习投入整体表现尚好,但也存在内部指标发展不均衡和个体差异明显等问题。

(二)环境给养感知与英语学习投入关系

皮尔逊双尾检验显示,受试的环境给养感知与英语学习投入相关系数为 0.777,显著性为 $p < 0.001$,由此可见两者之间存在高度相关。从两者内部的 7 个分项来看,网络给养、资源给养和行为投入、情感投入、认知投入之间存在不同程度正向相关,相关系数介于 0.484—0.725 之间。整体上看,网络给养、资源给养和人际给养与认知投入的关联性更好,达到高度相关,相关系数介于 0.682—0.725。具体的相关系数如表 3.4 所示。

表 3.4 环境给养感知与英语学习投入的相关性

		行为投入	内在情感	外在情感	认知投入
网络给养	皮尔逊相关性	0.624*	0.484*	0.663*	0.725*
	显著性(双尾)	0.000	0.000	0.000	0.000
资源给养	皮尔逊相关性	0.654*	0.498*	0.635*	0.708*
	显著性(双尾)	0.000	0.000	0.000	0.000
人际给养	皮尔逊相关性	0.572*	0.504*	0.580*	0.682*
	显著性(双尾)	0.000	0.000	0.000	0.000

注: * $p < 0.05$

为进一步确认环境给养感知与英语学习投入之间的关系,研究者以环境给养感知的三个分项为自变量,以英语学习投入的三个分项为因变量,分别进行进入式多元线性回归,以检验环境给养感知对英语学习投入分项的单独影响和贡献程度。回归结果显示,环境给养感知与行为投入的模型决定系数为 $R^2=0.462$,方差检验值 $F=30.471, sig.<0.001$,因而该模型具有统计意义,即环境给养感知的三个分项对行为投入具有很好的预测作用,可以累计解释其 46.2% 的变异。在该模型中,只有资源给养能影响行为投入($Beta=0.368$)。环境给养感知与内在情感投入的回归模型具有统计学意义,$R^2=0.287$,方差检验值 $F=14.813, sig.<0.001$。这表明,环境给养感知的三个分项可以解释内在情感投入 28.7% 的变异。在该模型中,只有人际给养能影响内在情感投入($Beta=0.270$)。环境给养感知与外在情感投入的回归模型具有统计学意义,$R^2=0.476$,方差检验值 $F=32.338, sig.<0.001$。这表明,环境给养感知的三个分项可以解释内在情感投入 47.6% 的变异。在该模型中,网络给养的影响同样最大($Beta=0.352$),次之为资源给养($Beta=0.248$)。环境给养感知与认知投入的回归模型也具有统计学意义,$R^2=0.606$,方差检验值 $F=53.777, sig.<0.001$。这表明,环境给养感知的三个分项可以解释认知投入 60.6% 的变异。在该模型中,网络给养的影响最大($Beta=0.319$),其次为人际给养($Beta=0.281$)和资源给养($Beta=0.274$)。相比较而言,认知投入模型的方差拟合度最好,内在情感投入模型的方差拟合度则较弱。相关回归系数见表 3.5。

表 3.5　环境给养感知对英语学习投入的回归分析

因变量	解释变量	B	Std. Error	Beta	t	Sig
（常量）		0.744	0.375		1.984	0.050
行为投入	网络给养	0.203	0.116	0.215	1.754	0.082
	资源给养	0.425	0.138	0.368	3.089*	0.003
	人际给养	0.211	0.121	0.180	1.733	0.086

续　表

因变量	解释变量	B	Std. Error	Beta	t	Sig
（常量）		1.109	0.419		2.649	0.009
内在情感投入	网络给养	0.117	0.129	0.128	0.904	0.368
	资源给养	0.248	0.154	0.221	1.611	0.110
	人际给养	0.306	0.136	0.270	2.255*	0.026
（常量）		0.791	0.341		2.317	0.023
外在情感投入	网络给养	0.307	0.106	0.352	2.908*	0.004
	资源给养	0.265	0.125	0.248	2.111*	0.037
	人际给养	0.187	0.111	0.173	1.694	0.093
（常量）		0.684	0.280		2.446	0.016
认知投入	网络给养	0.263	0.086	0.319	3.038*	0.003
	资源给养	0.277	0.103	0.274	2.693*	0.008
	人际给养	0.287	0.091	0.281	3.164*	0.002

注：* $p < 0.05$。

五、研究讨论

（一）环境给养感知分析

就环境给养而言，受试的整体感知较好，均值达到了 11.73。Sperber & Wilson（2001）认为，学习的本质是个体与环境动态选择和互动的过程，因为学习者都是从环境中提取线索来建构适合特定交际目的的语境。本章研究结果表明受试对移动环境的学习适应性较好，能积极从移动环境中提取对自身学习有益的给养。首先，信息素养是学习者参与网络学习的必备技能和基本素养。本章研究受试对手机媒介较为熟悉，大多数学习者都已具备足够的信息素养来开展移动学习。其次，移动技术所创设的泛在化和多模态学习情境,要比打电话更适合学习者的个性化需求(李思萦、高原,2016)。上述分析表明,给养感知是学习者与移动学习环境动态耦合的结果,少数民族大学生已经能从移动学习环境中主动提取所需的学习给养。但结合蔡晨(2021)对于汉族大学生的调查情况而言,少数民族大学生的环境给养感知能力相对汉族大学生还存在一定差距。

受试对给养的感知并不一致,从标准差来看也存在内部差异大的问题。这呼应了 Albrechtsen et al.(2001)的观点,即给养并非是环境的固有特征,学习者会对给养的感知存在差异。具体来说,受试对人际给养的感知最好,均值为 3.97。这表明,受试对于移动学习中的师生人际互动和课程管理模式比较满意。但从访谈结果来看,受试对于人际给养也存在一定的不满意:(1) 互动是延时的,不能及时解决学习中的问题;(2) 教师在网络中很少给予表扬或鼓励等社会性互动;(3) 互动主要聚焦于技术或监控等低阶互动,很少有就学习内容或学习技巧进行反馈。其次为资源给养,均值为 3.96。因为移动学习借助网络技术,为学习者提供了丰富的学习资源,学习者可以在多模态情景下开展沉浸式学习,能有效弥补课堂中语言文化信息输入的不足(Lee,2010)。从访谈来看,受试对资源给养中学习内容的引导性和多模态性感知最好。有受试表示,系统中的学习内容按照"听—写—说"的方式安排任务模块,符合他们的学习规律。还有受试表示,学习内容包含了音频/视频输入和文字/语音输出等多模态方式,能激发他们的学习兴趣。但也有受试表示,学习单元中的前后任务模块存在难易度差别太大的问题。受试对网络给养的评价最低,但均值也有 3.80。本章研究的网络给养主要关注系统平台的可访问性、可追踪性和结构清晰性。从访谈来看,受试对系统的可追踪性印象较为深刻。有受试表示,他们可以借助后台的大数据,了解自己的任务完成情况,还可以和班组内的其他同学进行比较,了解自主学习的质和量排名。

综合上述讨论来看,虽然学习者对移动环境中的给养供给整体比较认可,但也期待适当的调整和改善。这提醒教师要优化移动学习环境中教育给养的供给。就人际给养而言,教师要强化其在移动学习过程中的主导作用,要通过及时回复或网络直播等方式积极对学习者的行为状态进行监控。

此外,教师还要注意学习者的情感体验,要将正面鼓励与不良情感疏导有机结合,激发他们的学习热情和对移动学习的认可度。就资源给养而言,教师要注意学习任务的灵活性和层级性,要为学习者设计富有挑战性和多样化的学习任务,以契合不同学习者的学习需求。就网络给养而言,教师要主动与系统设计方沟通,针对后台数据发掘结果改善学习系统的适应性。以本章研究的"体验学习系统"为例,可以考虑将学习进度提示器、数字仪表盘、学习排名表等放置在登录首页,另外系统提醒邮件也可以配备语音提醒服务。

（二）英语学习投入分析

就移动学习投入而言,受试的整体均值为 15.46。这与尚建国(2018)等人的发现相一致,即少数民族大学生与其他群体学习者表现出一定的共性,在移动环境下的学习投入整体表现都尚好。从各分项来看,行为投入的均值超过了 4,其他三个维度的均值也都超过了临界值 3。这表明本章研究的受试对移动学习环境比较认可,愿意采用移动工具开展英语自主学习。Hedberg(2006)认为,移动环境的最大优势在于能支持学习者的自主性和创造性学习,为他们提供选择和整合自己学习需求的个性化平台。在此过程中,学习者完全成为学习的主人,可以自主选择和配置最适合自己学习目标的环境给养,发挥移动环境最大的教育支持潜力。本研究结果呼应了上述观点,表明移动学习环境的体验性和挑战性是与本章研究受试的英语学习需求相适应的。

但受试的内部标准差同样存在差异,这表明他们在移动环境中的自适应性和能动性并不一致。具体来说,受试的行为投入最好,均值为 4.04。首先,这可能与本门课程的考核要求相关。在课程实施过程中,任课教师不仅设置了每周最低学习时间,还会在期末的平时成绩中对超额的同学进行适当奖励。系统还允许受试通过刷分来提高单元成绩,这也间接鼓励他们投入更多时间在日常学习中。这呼应了蔡晨(2021)的相关结论,即适当的监管措施有利于提升学习者的学习行为。其次,这可能与本章研究受试群体的自我期待有关。相比较内地的汉族大学生,少数民族大学生的英语基础往往比较薄弱,在与同学的比较中,他们会对自己提出更高的学习要求。受试的认知投入排名次之,均值为 3.92。相比较电脑环境,移动环境更加多变,很多时候并不适合学习,学习者需要更多的心理资源来面对喧闹或意外情况(Lui and Wong,2012)。访谈结果也发现,移动学习主要发生在宿舍或图书馆等氛围相对散漫的环境,他们需要不断通过环境调节、时间调节和任务调节等方式来克服因环境变化带来的不良影响。这表明,移动环境因其移动性和多变性会对学习行为的执行控制要求更高。受试的情感投入相对最低,外在情感投入和内在情感投入的均值皆为 3.75。Early & Ang(2003)认为,学习者如果具备正向的情感能力会更有可能为达到目标付出持久努力。从访谈结果来看,受试在移动学习中能借助搜索工具快速查找单词或相关文化背景知识,获取学习的自我效能感。同时,手机学习界面清晰明了,便于操作,能让他们很快适应学习系统。这表明,移动环境因其较好的便利性和体验性会让学习者有更好的情感投入。

结合上述讨论来看,虽然学习者的整体英语学习投入表现较好,但也存在进一步引导和提高的空间。这提醒教师要正视学习者在移动学习中的适应性差异。针对行为投入不足的学习者,教师不仅要及时进行个体干预,还要培养他们的学习管理意识,引导他们制定符合自己需求的学习计划,督促他们提高移动学习中的时间管理能力和学习效率。针对情感投入不足的学习者,教师要注意学习者信息素养的培养,要将信息素养培养贯穿移动教学活动的始终。教师要以学习任务为引线,培养他们利用学习平台去搜寻、筛选和评估信息的能力,获得对学习平台的认可性。针对认知投入不足的学习者,教师要以学习策略培养为抓手,引导他们梳理个性化的时间管理策略、知识加工策略和人际求助策略等,帮助他们更快地适应移动学习这一新兴学习形态。

(三)环境给养感知与英语学习投入关系分析

通过对受试的环境给养感知和英语学习投入进行相关分析,研究发现两者存在密切关联。这与贾非等(2019)等的研究结果相一致,即学习环境是促进学习者主动建构意义和促进能力生成的外部条件。学习行动控制理论认为,个体在学习过程中会产生某种动机并且设定目标,但此种目标与动机却并不能保证个体最后一定能够执行该行动,需要某种外部因素来确保目标的最终实现(Corno,2001)。在本章研究中,移动环境中的给养感知就扮演了这种外部因素。在移动学习过程中,环境中的给养内在地与学习者的学习行为相关联,外在地提供信息以使它们被学习者感知(李彤彤、武法提,2016)。从一定意义上来说,学习者对环境给养越有深刻的认识,他们就会在移动学习中表现出更高的自我价值感和效能感,越会通过调节自己的学习行为来提高学业成绩。

回归分析进一步表明,环境给养感知对英语学习投入的三个分项存在不同影响作用。Aronin & Singleton(2010)认为,给养虽然具有客观性,但它并不是环境的固有属性,而是由行动者属性和具体情境属性共同决定。这表明,当将受试的环境给养感知与具体的学习投入相结合时,前者对后者存在不同的作用机制。就回归系数而言,环境给养感知对行为投入不存在显著性影响,对内在情感投入、外在情感投入和认知投入这三个分项的数值介于28.7%—60.6%之间。这表明,就移动学习而言,虽然环境给养感知是预测学习者学习投入的一个必要变量,但却可能不是唯一变量。在有关学习投入的相关研究中,例如 Nejmeh(2012)等研究就表明,班级环境因素和学习中的同学因素同样能影响学习者的学习投入。这提醒我们,应该存在一个最优的学习环境来促进学习者的学习投入,在移动环境建设过程中,要充分重视环境中多种给养的互动和协调。

具体而言,网络给养对外在情感投入和认知投入都有显著预测力,资源给养对外在情感投入和认知投入具有显著预测力,人际给养对内在情感投入和认知投入有显著预测力。Neitzel & Connor(2018)认为,个体在学习过程中会自发地发展出某种解释框架,以对自己的学习行为做出合理阐述。反映在本章研究中就是,当受试所处的环境能提供与学习行为相适应的学习给养且被他们感知时,他们便能建构出一套关于自己能力以及与学习相关的自我概念,并发展出相应的学习行为。但网络给养聚焦于技术偏好,资源给养聚焦于学习内容,人际给养则聚焦于师生互动,因而只能促进英语学习投入的某一个或某两个方面提升。这呼应了李彤彤和武法提(2016)的相关观点,在学习行为与学习环境的互动中,学习者的效能与学习环境的给养共同引导学习行为产生。

上述结果提醒教师要理性看待移动技术在外语教学中的应用,要从生态视角重新审视移动学习环境的建设。就移动环境而言,教师要充分利用移动技术的优势,在发挥好网络、资源和人际诸多给养协调优势的同时,为学习者创设富技术和富资源的学习环境。就学习者与移动环境的互动而言,教师要从动态角度审视不同学习者的需求和偏好,要通过设计适切的"脚手架"来帮助他们充分发掘学习环境中的优良给养,提高学习效能。针对研究结果中给养感知并不是预测学习投入的唯一变量这一结果,教师还要将同学互动、学习共同体建设和形成性评估等纳入课程体系建设中,创建生态型移动学习环境,更好地服务学习者的英语学习。

六、研究结论及建议

本章研究目的在于考察少数民族大学生在网络自主学习过程中有关环境给养感知和移动学习投入之间的关系。研究发现:

(1)受试的环境给养感知和英语学习投入整体表现较好,但存在内部发展不均衡等问题。受试在行为投入上的表现最好,次之的是认知投入,较次之的是外在情感投入和内在情感投入。

(2)环境给养感知对英语学习投入的三个分项存在不同的回归效应。认知投入受环境给养感知的影响最明显,行为投入则不受环境给养感知影响。

相比较国内其他同类研究,本研究的少数民族大学生在环境给养感知和英语学习投入上与汉族大学生表现出很大的共性。这表明作为与网络共成长的年轻 E 世代,少数民族大学生的移动英语学习特点具备一定的普遍性。

本章研究的创新价值在于将环境因素引入当前英语学习投入研究,考察了主体(英语学习投入)和环境(移动环境给养)的互动机制问题。研究内容凸显了"环境—认知—行为"的关联作用,支持了生态给养理论的相关假设,也为自主学习中的移动环境优化和学习者的学习行为调试提供了新的实证依据。研究发现,受试的环境给养感知和英语学习投入是他们与移动学习环境动态耦合的结果,环境给养感知对英语学习投入的影响机制是有条件的,会受到受试当前的环境适应性和主观能动性影响。

第四章　网络自我调节学习研究

一、引言

《大学英语教学指南》(2017)强调"推进现代教育技术与外语课程的融合，促使大学英语教学内容、教学方法和手段、学习方式发生变化，实现有效教学"。学界普遍意识到，线上学习会成为大学英语教学改革的新趋势，因为它不受学校课堂限制，也不受学习时间和地点限制，尤其适合有个性化需求的学习者(王俊凯、陈洁，2015)。但线上学习也有其缺陷与不足，学习者在享受高自主性和高独立性的同时，也面临因时空和交互距离所产生的沟通障碍，容易发生信息迷航、课程完成率不高等问题(张巧玲、姜明玉，2014)。如何培养学生成为一个"主动的学习者"已成为当前大学英语教学改革的重要目标之一，而学习者如何主动地调节和建构自己的学习历程也成为学界关注的焦点。针对少数民族大学生英语听说基础薄弱和整体水平较差等问题，开展网络自主学习来弥补课堂输入的不足已成当前少数民族外语教学改革的必由之路。本章在调研少数民族大学生网络自我调节学习能力的基础之上，探讨其对提升他们英语听力能力的作用机制问题。研究结果有助于从跨族群比较视角拓展网络环境下的自我调节学习研究内容，也有助于从理论上进一步揭示学习环境、学习行为和学习结果的互动机制问题，完善新时期的大学英语网络教学，更好地服务于少数民族大学生的外语教育。

二、研究理论

(一) 自我调节学习能力

自我调节学习(self-regulated learning)是教育心理学的一个研究热点。

它在学习型社会的背景下产生,是人本主义思潮在教学中的体现,顺应当今世界"学会学习"的教育改革潮流,同我国的素质教育、创新教育及研究性学习和主体性教学改革的主张是相一致。Zimmerman(1989)认为,自主调节学习就是学习者从元认知、动机和行为等方面积极主动地参与自己学习活动的过程。自我调节学习者依靠自己主动去获得知识技能,而不依赖教师、家长或其他教育机构。当学习者在学习过程中成为一个积极的参与者时,学习便成为了自我调节学习,能够进行自我调节学习的学习者才是真正意义上的积极主动学习者(赵坤、赵毅玮,2001)。它强调学习过程中学习者自我、行为和环境的交互作用,常被用于描述那些有别于"集体授课形式""教师为中心""被动接受教学内容"等为特征的传统教学。

社会认知视角下的自我调节学习理论很多,但都是基于共同的理论假设:(1)行为结构假设。该假设认为学习者是学习活动主体,他们通过外部环境和已有知识获取相关信息来构建学习的意义、目标和策略。(2)控制能力假设。一个自我调节学习者具有监控、调整和调节他们的认知、动机、行为和某些环境因素的能力。这并不是说学习者在任何情境下都具备这些能力,而是说他们具备这些能力的可能性。(3)目标假设。自我调节学习模型是通过把设定的目标或标准与学习过程进行比较来评定是否该继续进行下去或者做出改变。(4)自我调节学习活动室个体与情境、成绩与表现的调节者。不只是个体的知识、种族、个性特征会影响到学习成绩,教室环境等也会对学生的成绩有影响。综合上述假设,金军伟和张振新(2007)将优秀自我调节学习者的特征概括如下:

(1)自主性。在自我调节学习中,学生不依赖他人而是依靠自己去获得知识和技能,学生自觉、主动、积极、独立地从事和管理自己的学习活动,能自我激励,能自主选择学习目标、学习方法和学习时空环境。

(2)策略性。自主学习者讲究学习策略,能自觉地运用认知策略、元认知策略、时间管理和动机管理等一系列学习策略,从而取得较好的学习效果。

(3)监控性。自我调节学习者对自己的学习活动有比较清醒的意识,能自己监视并控制自己的学习活动,能根据学习情况进行自我调节。

（4）灵活性。自我调节学习者能根据环境的要求主动调节自己的动机、情绪、认知状态达到最优的学习效果，能主动建构自己的学习时空环境，能主动选择自己的学习伙伴和求助对象，能灵活处理自助与他助的关系。

（5）相对性。自我调节学习不是绝对的，学习者在现实学习中的很多方面都是不能完全自己选择的，比如学习目标、学习场所、学习时间和学习形式等。因而，学习者的学习绝大多数都是介于自我调节学习和非自我调节学习之间。

为了解释自我调节学习能力的组成成分，Zimmerman(1990)确立了它的概念框架，具体如表 4.1 所示。表中每一列的问题分别对应一种关键的心理维度：动机、方法、时间、行为、物理环境和社会。

表 4.1　自我调节学习能力的概念框架

学习议题	学习维度	学习者条件	自我调节属性	自我调节过程
为什么	动机	选择参与	自我激励	自我效能和自我目标
怎么样	方法	选择方法	有计划或自动化	策略运用或习惯化操作
什么时候	时间	选择时限	及时而有效	时间管理
是什么	行为	选择结果行为	操作的自我观察	自我观察、自我判断和自我适应
什么地方	物理环境	选择环境	物理环境的敏感和资源的充分利用	环境的建构
与什么人	社会	选择学习伙伴	社会环境的敏感和资源的充分利用	选择性的求助

从动机维度来看，自我调节学习者比较善于运用一些自我激励的方法，比如目标设定和自我奖惩。自我调节学习者为自己设定能够实现的、具体的和近期的学习目标，对自己进行奖惩，这些措施对保持学习动机，增强学习信心，提高自我效能感是十分有益的。

从学习方法维度看，自我调节学习者善于选择和运用学习策略。他们掌握了一定量的策略,可以分为两个层次。一是比较笼统的策略,如计划、监察、评价、反馈与调节;二是比较具体的策略,如复述、背诵、划重点和列提纲。自我调节学习者能够根据不同的学习任务有选择地运用学习策略,实现学习目标。

从学习时间维度看,自我调节学习者善于对学习时间进行计划与管理,根据学习任务的难易对学习时间进行分配,为自己制定学习进度时间表,有效利用学习时间。他们知道什么时间效率高,什么时间效率低,能扬长避短。

从学习维度看,自我调节学习者能进行自我观察、判断与反思,能对自己的表现与目标差距进行监测,当发现二者之间存在差距时,会分析原因并做出调整。

从学习的物理环境维度来,自我调节学习者能够选择适应的学习场所并充分利用有助学习的各种设施和设备。

从学习的社会维度看,自我调节学习者能够意识到他人可以帮助自己学习,虽然他们一般有较强的独立性,但他们明白自己的能力有限,在需要时会主动求助。

国内相关研究虽已广泛展开,主要都以汉族大学生为主,对少数民族大学生则关注不够。Erene(2009)和 Fieulaine & Apostolidis(2015)等人的跨文化研究表明,不同文化背景学习者的自我调节能力会存在明显差异。来自非洲等经济萧条地区的学习者往往会因弱势背景的生活条件而导致不能管控自己的学习行为,而来自欧美等国家的学习者则因为有足够的安全感与自主性,能对未来发展制定更丰富且实际的学习规划。严秀英和金粉如(2017)的研究也表明,朝鲜族学生的自我调节学习能力在不良反应行为监管等维度上与汉族学生存在一定程度的差异。但现有文献尚未对少数民族大学生的特殊性进行系统论述,相关结论还需要进一步丰富和证实。同时,已有研究大多是在现实情境进行,对网络环境则缺乏足够关注。Bandura(2000)的社会认知理论认为,学习者的自我调节学习行为并非是单纯发生于个体内的历程,而是受到个体认知与环境因素所影响而造成的后果。少数民族大学生因其英语能力薄弱往往具备较强的自我学习意识,但在实际过程中却缺乏主动意义上的自主学习行为(刘晓艳,2000)。网络学习环境在人际互动方式与个体学习方式上都与现实环境存在巨大差异,少数民族大学生在此情境下的自我调节学习现状值得我们进一步探究。本研究的一个主要目标在于从跨族群比较角度揭示少数民族大学生和汉族大学生在网络情境下的自我调节学习能力存在何种差异。

(二) 自我调节学习与学习表现

此外,就自我调节学习能力和学业表现的影响机制而言,Benson(2005)和 McLellan & Jackson(2017)的相关研究表明,学习者的自我调节学习能力是他们自主学习能力的重要组成部分,也是影响他们学业成绩与思维水平的关键因素。但具体到自学调节学习能力如何影响学习者的学业表现时,学界则存在争议。Kosnin(2007)的研究显示,自我调节学习中的资源管理和元认知调节对学业成就的推动力最强。Savoji(2013)的调查则发现,元认知、组织和精加工等自我调节学习策略与学业成就呈正相关。国内学者承接上述议题,也取得了一些有益发现。尚建国(2016)的调查表明,当学习者在组织调节、精细加工调节和元认知调节方面的表现较佳时,他们的英语学业表现也较好。刘诗榕和周榕(2019)的研究则表明自我调节学习能力中的情感调节和元认知调教是影响学业表现的关键因素。导致上述结论存在差异的原因除了其研究对象不同外,还在于对自我调节学习能力的内涵理解存在认识上的不同。

但上述研究在讨论自我调节学习能力的影响效果时,主要从宏观角度分析习得结果的整体状况,对微观层面的学习内容则关注不够。Sun et al.(2018)的研究表明,学习内容与学习环境的匹配性会影响学习者的学习行为。在探讨学习行为对习得结果的影响机制时有必要明确学习内容才能确保结论的针对性和可靠性。听力习得与数字化学习情境表现出高匹配性,但现有研究尚未对相关议题展开论述,也鲜有以少数民族大学生为对象的研究。据此,本研究的另一目标在于探讨网络情境下,少数民族大学生的自我调节学习能力对他们听力能力发展的影响机制问题。

综上所述,本章研究主要问题可概括如下:

（1）网络情境下少数民族大学生的自我调节学习能力与汉语大学生存在何种差异？

（2）网络情境下少数民族大学生的自我调节学习能力对他们的英语听力表现存在何种影响？

三、研究设计

（一）研究对象

本章研究采取随机整群抽样的方法，选取了在东部沿海某综合性大学就读且在2018—2019（上）学期中有选修"大学英语自主学习课程"的100多名少数民族大学生。从籍贯来看，主要来自广西、贵州、湖南和云南等省份。从民族成分来看，主要是壮族、苗族和瑶族等。研究者共发出100份问卷，回收100份，其中有效问卷82份。在调查有效样本中，男性51名，女性31名。为更好揭示少数民族大学生的相关表现，研究者在同课程中选取了80名汉族大学生作为对照组，其中男性50名，女性30名。

（二）研究平台

本章研究所采用的线上英语学习平台为高等教育出版社开发设计的"大学体验英语学习系统（听说训练）"。该系统内容按交际功能编排，分听力和口语两个模块对学生进行听说训练。从以往实施效果来看，该系统能满足学习者分层性学习、个性化学习和自主性学习的需要。

（三）研究工具

本章研究有关自我调节学习的调查问卷为陈志恒和林清文（2008）设计的"自我调节学习问卷"。该问卷基于社会认知视角，结合了自我调节学习中"领域"与"阶段"两个重要概念，具有较好的内容效度和针对性。综合考量本研究线上学习的实际和两位教授的一致性评判，研究者对问卷进行了精简，并对某些语言表述进行修订。在小范围的施测后，最终版本的问卷涉及24个题项，从认知、情感、任务、环境、时间和求助资源等6个维度考察学习者的自我调节学习能力。每个维度下有四个陈述句，从学习过程的准备、监测、控制和反映四个过程来进行评估。以认知维度为例，包含的四个句子为"我会每个月都设定阶段性自主学习目标"，"时间充裕下，我会思考自己是如何完成学习任务"，"在自主学习中，我会注意自己做题的速度和准确性"，和"当我分数不理想时，我会调整自己的学习方式"。整个测量工具采用李克特五分量表。数字"1"表示"完全不符合"，数字"5"表示"完全符合"。事后统计表明，该问卷的 Cronbach's α 系数为 0.713，说明该问卷内部一致性较好，可用于后续分析。正式版本的调查问卷见附录 3。

（四）研究流程

本章研究历时 15 周。研究者在学期第二周和学期第十六周对学习者进行大学英语四级听力的测试，并把结果当作学习者在学习过程中听力水平改变的依据。测试题目来自往年四级真题。在教学过程中，研究者会在第二周将课程的学习要求和考核要求告知学生，并每三周进行一次学习结果反馈，具体包含个体的学习表现、学习进度、学习时长和学习排名等信息，以便他们根据课程要求和自我学习安排进行调节。在第十六周，研究者还对受试进行问卷调查，请他们反思在学习过程中的自我调节学习表现。为弥补定量分析的不足，在参考听力表现和自我调节能力表现的基础上，研究者选取了 6 名受试进行半结构化访谈，主要了解他们在网络学习中的困难及应对策略。

（五）数据统计

相关数据的处理和分析主要使用 SPSS 19.0 进行，所涉及的统计方法主要有描述性分析、相关分析和回归分析。具体说明如下：

（1）通过描述性分析对自我调节学习能力和英语听力表现各维度的平均值和标准差进行描写。

（2）通过独立样本 t 检验比较少数民族大学生和汉族大学生在自我调节学习能力上的差异。

（3）通过相关分析探究自我调节学习能力和听力表现之间的关系。

（4）通过回归分析探究自我调节学习能力和听力表现的潜在预测

效应。

因变量：听力表现。

自变量：(1)认知调节；(2)情感调节；(3)任务调节；(4)环境调节；
(5)时间调节；(6)求助资源调节。

四、研究结果

(一)网络自我调节学习能力的民汉比较

对民汉大学生网络自我调节学习能力的相关表现进行描述性分析,所
有受试共可得到 7 个分值,包含自主学习能力的整体表现和 6 个分项得分
(总分 120 分,各分项总分 20 分)。为揭示两者之间的具体差异,研究者对
此进行独立样本 t 检验分析。相关数据见表 4.2。各组数据基本呈正态分
布,说明本研究受试取样合理,能较好代表大一新生的网络自我调节学习能
力水平。

表 4.2　民汉大学生网络自我调节学习能力比较

	民族大学生(N=82)		汉族大学生(N=80)		MD	t(160)
	M	SD	M	SD		
能力总分	77.96	8.193	83.34	5.585	−5.37	−4.867*
认知调节	11.28	2.640	13.19	1.313	−1.91	−5.799*
情感调节	11.41	1.805	13.09	1.407	−1.67	−6.568*
任务调节	14.63	2.328	14.70	2.236	−0.07	−0.184
环境调节	14.89	2.177	15.08	1.847	−0.19	−0.582
时间调节	13.88	2.411	13.81	2.450	0.07	0.172
求助资源	11.87	2.077	13.48	1.646	−1.61	−5.456*

注：* $p < 0.05$

整体来看,少数民族大学生的网络自我调节能力表现一般,均值为
77.96,略高于临界值 72,但也存在内部差异大的问题,标准差达到了 8.193。

从内部六个分项的均值来看，环境调节能力（M＝14.89）和任务调节能力（M＝14.63）表现最好，次之为时间调节能力（M＝13.88），认知调节能力（M＝11.28）、情感调节能力（M＝11.41）和求助资源调节能力（M＝11.87）则还存在一定的提升空间，三者都没有达到临界值 12。从标准差来看，情感调节能力数值最低（SD＝1.085），其他 5 个分项的数值大致在 2.077—2.640 之间波动。这表明，少数民族大学生的网络自我调节学习能力内部发展不均衡，且群体内部差异明显。

独立样本 t 检验分析表明，少数民族大学生和汉族大学生在自我调节学习能力的整体表现上存在显著性差异（$t＝-4.867, p<0.05$），汉族大学生的整体表现要好于少数民族大学生。两者在任务调节能力（$t＝-0.184, p>0.05$）、环境调节能力（$t＝-0.582, p>0.05$）和时间调节能力（$t＝0.172, p>0.05$）上不存在显著性差异，但在认知调节能力（$t＝-5.799, p<0.05$）、情感调节能力（$t＝-6.568, p<0.05$）和求助资源调节能力（$t＝-5.456, p<0.05$）上存在显著性差异。从均值差的比较来看，汉族大学生在这三项能力上的表现都要好于少数民族大学生。这表明，相比较汉族大学生，少数民族大学生在网络自我调节学习能力上还存在一定的提升空间。

（二）网络自我调节学习能力对听力表现的影响

为揭示少数民族大学生的网络自我调节学习能力对听力表现的影响，研究者以自我调节学习能力的六个分项能力均值为因变量，以两次四级听力测试的均值差为自变量，进行进入式多元线性回归分析。本次回归分析满足误差呈正态分布及误差和预测变量不相关的前提假设。就两者的关系而言，皮尔逊相关分析表明，除认知调节能力外（$r＝0.005, p>0.05$），网络自我调节学习能力的其他五个分项都与听力表现存在正相关关系。其中环境调节能力达到高度相关（$r＝0.686, p<0.05$），时间调节能力（$r＝0.615, p<0.05$）、任务调节能力（$r＝0.550, p<0.05$）和求助资源调节能力（$r＝0.478, p<0.05$）达到中度相关，情感调节能力（$r＝0.235, p<0.05$）则是轻度相关。相关数值见表 4.3。

表 4.3 网络自我调节学习能力与听力表现的相关分析

		认知调节	情感调节	任务调节	环境调节	时间调节	求助资源
听力表现	r	0.005	0.235*	0.550*	0.686*	0.615*	0.478*
	p	0.482	0.017	0.000	0.000	0.000	0.000

注：* $p < 0.05$

从回归分析的结果来看，网络自我调节学习能力对听力表现具备较好的预测作用（$F = 20.903, p < 0.05$），R^2 为 0.626，即少数民族大学生的自我调节学习能力可以解释他们听力表现 62.6% 的变异。从作用机制来看，环境调节能力的标准回归系数最高（$Beta = 0.487$），说明当少数民族大学生越能适应网络学习的特殊性，他们的听力表现就提高越明显。其次为时间调节能力（$Beta = 0.289$）和求助资源调节能力（$Beta = 0.264$），分列第二位和第三位。这表明这两项能力也是影响他们听力能力提高的关键因素。相关数值见表 4.4。

表 4.4 自我调节学习能力对听力表现预测的回归分析

模 型	非标准化系数		标准系数	t	Sig.
	B	标准误差	试用版		
（常量）	−5.172	1.085		−4.769	0.000
认知调节	0.000	0.042	0.000	0.004	0.997
情感调节	0.030	0.071	0.036	0.426	0.671
任务调节	−0.021	0.068	−0.032	−0.309	0.758
环境调节	0.340	0.071	0.487	4.794*	0.000
时间调节	0.167	0.062	0.264	2.674*	0.009
求助资源	0.211	0.059	0.289	3.600*	0.001

注：* $p < 0.05$

五、研究讨论

(一)网络自我调节学习能力的民汉比较

通过对少数民族大学生的网络自我调节学习能力进行评估,研究发现他们的整体表现一般,但存在内部差异大和发展不均衡等问题。这表明他们在网络条件下的自我调节学习能力还有待进一步引导和提高。通过对民汉两类大学生的网络自我调节学习能力进行比较,研究发现他们在整体表现上存在明显差异。这表明,网络学习作为一种相对新兴的学习方式,少数民族大学生和汉族大学生存在跨文化上的差异。具体到各分项能力而言,少数民族大学生和汉族大学生在环境调节能力、时间调节能力和任务调节能力上不存在差异,且表现都较好。这表明,他们已经意识到网络学习的特殊性,会根据课程学习要求和自我学习目标来合理安排自己时间并调整自己学习行为。但是,少数民族大学生在认知调节能力、情感调节能力和求助资源调节能力上则与汉族大学生存在明显差异,且都没有超过临界值 12。因而,相比较汉族大学生而言,少数民族大学生的网络自主调节学习能力存在一些独有的特点。

首先,少数民族大学生的思辨能力差,表现为认知调节能力均值在所有分项中最低($M=11.28$)。网络学习环境具有非线性模式连接的特点,学习内容往往包含文字、声音、图片和动画等多种组合内容,学习者需要更多的认知资源去识别和理解。在此情境下,学习者为了促进对信息的选择、获取、建构与整合会有意识地采取诸如复诵、组织化与概念化等认知策略(Weinstein,1986)。就网络情境下的认知调节能力而言,学习者需要掌握三种策略,分别是学习前对认知策略的使用进行规划的计划策略、学习中监控自己对于学习材料的了解与吸收程度的监控策略以及在学习过程中调节自己学习技巧、步骤与速度的调节策略。但就本研究而言,受试的自我评估分数则表明他们并没有相关的策略意识,也没有在网络情境下灵活运用多种认知策略的能力。从访谈中得知,他们在自主学习过程中运用比较多的是记忆、复述等较为基础的认知策略,对于信息组织和精细加工等高级策略等则较少涉及。同时,大多数受试也表示,他们在自主学习过程中缺乏必要的监控策略意识,不能够觉察与调控自己的认知历程与认知结果。

其次,少数民族大学生的情感调控能力低,表现为情感调节能力均值仅为 11.41。情感调控能力是影响学习者持续投入学习活动、提升与维持学习动机的重要因素,在自我调节学习中表现为学习者对学习过程中呈现的情绪反应进行监测与调试。以往研究表明,学习者如果具备较好的情感能力则更有可能为达到目标付出持之以恒的努力(Early,2003)。但从本研究的调查来看,网络学习对少数民族大学生的感召性不强,他们在学习过程中付出的努力及持之以恒的意愿都明显偏弱。从访谈中得知,他们在学习过程中的主观能动性没有得到很好发挥,学习意愿更多表现为教师的外在驱动和课程的考核压力。同时,他们也缺乏在学习过程中对自身的学习活动进行积极的情感调控意识。

最后,少数民族大学生的合作学习意愿不足,表现为求助资源能力均值仅为 11.92。网络学习平台将隐含价值观与外显知识内化到学习过程中,学习者在学习过程中透过任务本身挑战与自身技巧的平衡来寻求解决问题的策略,从而重整和建构新的知识(Sherry,1986)。在自我调节学习中,求助资源能力主要表现为学习者利用学习环境中的有利资源增进其学习效果。从本研究的调查结果来看,少数民族大学生已经具备了基本的求助资源能力,他们在学习过程中会通过利用参考资料、查找网络信息、向老师请教和与他人合作等策略,但策略的使用频率则不大理想。从访谈结果来看,他们在学习过程中求助最多的往往是网络,因为大量的描述性内容可以在互联网上轻松获得。其次,他们也会向值班老师或任课老师求助,但较不会向同学求助。同时访谈还发现,那些学习表现较好的学习者会使用更多的求助资源策略。Newman & Goldin(1990)指出,学习成就越低者,其实对外寻求协助的需求越大,但却表现为较少的求助行为。这固然与学习者对自身的学习期待有关,也可能与教师在监管过程中没有为学习者提供必要的策略辅导有关。

(二)自我调节学习能力对听力表现的影响

通过对网络情境下少数民族大学生的自我调节学习能力对听力表现的

影响效度进行相关分析和回归分析,研究发现两者存在密切关联。这与尚建国(2016,2018)等的研究结果相一致,即具有更多计划性和调节性的学习者会更容易实现学习目标,其学业表现也会更好。自我调节学习的行动控制理论认为,个体在学习过程中会产生某种动机并且设定目标,但此种目标与动机却并不能保证个体最后一定能够执行该行动,因而个体会采取某种控制策略以确保目标的最终实现(Corno,2001)。在本章研究中,学习者的自我调节学习行为扮演了此种控制策略。从访谈结果来看,少数民族大学生在制定有效学习计划时,会将现在的自我学习需求投射到未来的学习结果中去,想象学习过程中可能发生的细节与挫折,在期待实现学习成就的满足过程中积极调节自己的学习计划。从一定意义上来说,学习者对自己的学习目标和学习期待越有深刻的认识,他们就会在学习的管理上表现出越高的自我价值感,越会通过调节自己的学习行为来提高学业成绩。

就两者的影响机制而言,研究发现,环境调节能力、时间调节能力和求助资源能力对听力表现存在显著的预测作用。Vygotsky(1978)认为,环境是学习者的起点,学习者是从环境中提取线索来掌握知识。当学习者所处的环境能提供学习者适当的学习资源与他人协助时,他们便能建构出一种关于自己能力以及与学习相关的自我概念,并且发展出有效的学习策略。Neitzel & Connor(2018)也认为,个体在学习过程中会自发地发展出某种解释的框架,以对自己的学习经验做出合理的阐述。就本章研究而言,少数民族大学生在网络情境下,如果能够觉察当下学习任务对于未来成就目标的重要性和功能性,他们在相关学习任务中就会表现出越强的学习欲望,对学习环境的适应性和学习计划的安排也会更理想。同时,他们也会更擅长运用身边的资源,向身边的微观资源,如教师和同学等寻求帮助,进而在学习过程中有更充分地准备和更大的收获。通过这样的心理机制,他们不断地发展和精致化自身的认知结构,形成一套属于自己的自我调节学习模式来有效促进听力学习。

但是,本章研究中少数民族大学生的认知调节能力与听力表现则不相关,这与以往结论并不一致。Bilder et al.(2001)的研究表明,自我调节学习能力好的学习者会具有更好的时间整合能力和自我效能感,也能使用更多的认知策略和资源管理策略,从而为获得良好的学业成绩提供保证。就本研究而言,存在两方面原因。一方面可能与少数民族大学生在网络情境下的认知策略意识较淡薄有关。因为他们的自我调节学习还没有达到自我调控的阶段,尚不具备必要的策略意识,自然在学习中也不会运用相关的认知策略。另一方面也可能与他们并没有认识到认知策略的使用与学习结果之间的关联有关。因为他们没有意识到认知策略的使用是学习效果的重要保证,自然也不会在学习行为的规划上对此有所考量。

六、研究结论及建议

本章研究目的在于考察网络学习情境下,少数民族大学生的自我调节学习能力现状以及其对听力能力发展的影响。研究表明,他们的自我调节学习能力整体水平一般,但也存在思辨能力差、情感调控能力低下和合作意愿不足等问题。这加深了有关少数民族大学生在网络情境下自我调节学习特点的认识,为教师更好地开展有针对性的指导提供了新的实证案例。就网络自我调节学习能力与听力表现而言,研究发现前者对后者具有积极的预测力,两者存在显著的正向关系。这加深了我们对于自我调节学习能力在外语网络学习中重要性的认识,厘清了自我调节学习能力在听力能力发展上的影响效度和影响机制问题。

本章研究对于大学英语网络教学也有一定的启示。首先,现代主义教学模式并没有把思辨能力作为教学重点,但在网络技术快速发展的今天,我们需要重新审视网络学习的教学目的问题,在强调通过现代教育技术提高学习者语言运用能力的同时,也要培养他们的思辨能力、认知策略应用能力和寻求社会协助能力。其次,学习者的学习情感是可以激发和维持的,一些相关的学习策略,例如正向自我对话、使用自我肯定策略、安排自我奖惩、保持精熟目标导向和提升课业任务价值等在提升学习者自我效能感、控制负向情感和避免防卫性悲观等方面具有积极的作用。从这个意义上来说,重视学习者在网络自主学习过程中的情感表现,提高他们对于学习内容和学习方式的正面情感评价也是英语自主教学不得不面对的问题。最后,就自我调节学习中的人际互动而言,学习者在学习过程中必须学会正确地评估自己寻求或接受帮助的需要程度，且需要知道在学习环境中有哪些人或资源可以提供帮助，并主动地请求协助。教师在自主学习监管过程中，需要将学习者的自主学习和教师监控有机结合起来，如何通过组织学生间的合作学习来提高他们团队合作的意愿和能力，值得我们进一步思考。

单就本章研究结果而言，教师在针对少数民族大学生的网络教学过程中，需要注意三方面的问题：

（1）教师要帮助学习者设定适当的学习目标和计划。教师在学习初可以先提供学生学习目标，之后再鼓励学生设定适合自己的目标，并教导他们对自己的学习表现进行自我评估。

（2）教师在监管过程中，要加强学习者有关自我调节学习策略的培训，要充分发挥显性教学的优势，将学习策略的使用与具体的学习任务相结合，帮助学习者掌握相关策略的元认知意识，提高他们的自我调节学习能力。

（3）教师要充分发挥引导者的角色，帮助学生建立良好的学习管理习惯，在日常教学与课程辅导过程中，积极引导他们思考未来，合理安排规划自己的时间，提高他们的学习监管能力和学习反思能力，以便找出学习过程中可调节和改善的地方。

第五章　虚拟社会化研究①

一、引言

党的十八大把和谐社会建设纳入中国特色社会主义事业总体目标，青少年作为社会转型模式中的实践者是和谐社会建设的重要力量。随着互联网的迅速发展和普及，网络作为一种新的信息传播工具，在青少年的健康成长中起到越来越重要作用。在网络语境下，青少年的信息获取方式发生了重大变化，他们的社会化模式和路径也表现出许多新的特点和问题。虚拟社会化作为青少年社会化的新范式，对于他们的认知、情感、意志和行为等会产生重大影响。大学时期是个体社会化的关键时期，在此阶段人的世界观、人生观、价值观和行为能力等全部走向成熟和完整，有关大学生的社会化问题一直是学界关注的焦点。本章以少数民族大学生的虚拟社会化为研究对象，关注网络情境下他们的媒体识读能力与虚拟社会化的关系问题。对于相关议题的考察，一方面有助于更好了解新媒体语境下少数民族大学生的媒体识读能力和虚拟社会化表现，针对他们的特殊性从学校教育角度提出有针对性的辅导措施，另一方面将相关理论和少数民族大学生的特殊性相结合也有利于更好揭示媒体识读能力对虚拟社会化的影响机制，为相关议题提供新的思路，完善新时期的少数民族大学生人才培养模式。

① 本章内容最先发表于《民族教育研究》2019 年第三期。

二、研究理论

（一）虚拟社会化理论

社会化是人从"生物人"向"社会人"进化的一个过程，指个体学习他所生活其中的那个社会长期积累起来的知识、技能、观念和规范，并把这些知识、技能、观念和规范内化为个人的品格和行为，并在社会生活中加以再创造的过程（刘豪兴，1993）。已有研究表明，个体的社会化具有不同内涵，其社会化模式会随着社会变迁而变化（赵婧，2016）。传统的社会化研究往往关注家庭、同辈群体和学校对个体成长的影响。20世纪80年代以后，随着网络技术的发展，研究者才开始把大众传媒当做影响青少年社会化的第四种社会机构，并区分了现实社会化和虚拟社会化两种主要方式（Loveless，2010）。当代大学生作为与互联网共成长的一代，网络、手机及个人移动设备等新媒体工具成了他们获取知识的主要媒介，因而他们的社会化与父辈之间表现出很大不同，更多表现出虚拟社会化的取向。虚拟社会化作为现实社会化的必要补充，主要指个体通过报刊、电视和网络等大众媒介与虚拟社会进行互动并成长为具有一定角色行为能力和责任能力社会人的过程（王卫，1999）。从发展趋势上来看，大学生群体对网络媒体的依赖将不可避免地增加，与信息时代紧密联系的"虚拟化社会"将成为对他们发展有着极其深刻影响的社会化力量之一（王玲宁，2010）。

李庆光（2005）认为，相比现实社会化，青少年的虚拟社会化存在三个主要特点：

首先，虚拟社会化中的施化者具有虚拟性，即对青少年社会化产生巨大影响的施化者由真实社会变成了虚拟的网络社会。青少年在虚拟环境中以戏剧化的交往行为来体会不同角色的需求与情感，在角色预演和角色换位中正确理解角色内涵、缓解角色紧张和解决角色冲突。这一切得以顺利施行的前提便是虚拟社会化中施化者的虚拟性，是它为青少年顺利实施角色转换提供了反复实践的机会。

其次，虚拟社会化中的社会互动呈现了新的面貌。网络作为一种更为广泛公开的媒体，通过全方位、多层次和高速度的信息传播为青少年提供了更为广泛的社会交流机会,使青少年的社会化一开始便突破传统的时空局限,从而得到空前的延伸与发展。在虚拟社会化这一特殊的交往环境中,青少年随着网络信息的流动以"点对面"的交流方式将自己融汇到"无线"的网络群体中,社会接触范围成倍扩大,更有助于青少年建立新型社会关系,拓展自身的社会化范围。

最后,虚拟社会化中的行为方式社会化与角色规范社会化是脱节的。虚拟社会化极大影响了青少年的人际互动方式,使人与人之间的情感交往关系被脱离现实的人际关系所取代,久而久之便造成了现实人际交往障碍。他们在虚拟社会中无法找到正确的行为规范和角色整合模式,无法依照社会对人的要求和标准学会承担特定的社会角色,遵循正确的交往行为方式,最终导致他们的行为方式社会化与角色规范社会化相脱节。

从已有研究来看,学界对大学生群体的社会化焦点已经从现实社会化转向虚拟社会化,Thorne(2009)、Bauer(1998)和 Zhang(2010)等人的研究赋予文化儒化、道德伦理和意识形态等议题新的时代内涵。学界普遍意识到,网络媒体的特殊性能有效弥补青少年现实社会化的不足,但在加速他们社会化进程的同时也会带来许多负面效应(奚晓岚　等,2014)。张玮(2004)认为,网络对青少年虚拟社会化的负面效应主要体现在 6 个方面:

(1)对青少年的价值观产生冲击。对本民族和国家特定的文化价值观念、思维方式、社会责任和感情的内化是青少年社会化的重要任务。但网络传播内容具有公开性和不可控性,不同立场、背景和志趣的群体都可以在虚拟社会里无拘无束地制造信息,无节制地传播信息,使青少年社会化的环境更为复杂和难以控制。

(2)造成青少年的道德偏离。在现实社会中,社会规范对个体具有普遍约束力,个人的道德行为相对严谨。在虚拟社会中,上网者可以匿名交往,现实社会中的种种道德规范在网上显得苍白无力,这正好为青少年提供了摆脱成人约束和管教的机会。

(3)造成青少年的角色认同困难。社会化的核心内容之一就是学习社会角色,而网络为个体提供了变换角色的机会,容易造成青少年产生角色认同危机或发生角色混淆,干扰正常的角色学习。

（4）使青少年发生心理障碍。由于青少年的心理尚未完全成熟，意志较弱，容易受网络引诱而沉溺其中。当他们无节制地花费大量时间和精力在互联网上，很可能会造成人格障碍和神经系统失调，诱发"网络心理障碍"。

（5）导致青少年现实人际受阻。虚拟社会与现实社会的人际互动面临交际情境的显著差异，虚拟社会化极大地影响了青少年的人际交往模式，使人与人之间真实的情感交流被脱离现实的人机关系所取代。随着上网时间的增加，人与人面对面交往机会会相应减少，久而久之造成现实人际交往障碍。

（6）使传统施化者的地位受到挑战。网络互动中的全体网民不分年纪大小一律平等，这使得传统社会原有的长幼秩序消失不见，进而导致青少年接受长辈教化的意愿下降，父母师长作为社会化主要执行者的地位也趋于下降。

当前，伴随多元文化思潮的兴起，国外学者的研究对象也逐渐拓宽到移民后代和少数族群等亚族群。在此背景下，国内的一些学者也开始关注少数民族大学生这一特殊群体的虚拟社会化问题。少数民族大学生主要来自民族聚集地区，进入高校以后，陌生的校园环境和多元的族群交际会冲击他们既有的认知和习惯，网络的开放性和交互性也会积极的影响他们的社会生活，因而他们的虚拟社会化会表现出一些新的特点和问题（杨莉萍，2015；Lam，2004）。但是，已有研究大多关注虚拟社会化的结果，对于他们的心理认知机制如何影响虚拟社会化的结果则缺乏足够重视。

（二）媒体识读能力与虚拟社会化

就新媒体语境而言，个体的媒体识读能力是影响他们虚拟社会化的重要原因。新媒体的快速发展使得当代大学生群体对信息的获取更依赖于网络虚拟社会，但网络媒体所呈现的内容往往带有特定的立场和目的，远非事实的全部。媒体识读能力是个体对媒体加以社会性、批判性的分析和评鉴，并且以多样的形态创造互动和沟通的能力（Baker，2011）。它的价值和意义在于帮助个体在面对不断发展和快速变迁的信息社会时，不再只是消极地排斥不良的媒体信息，而是帮助他们学会以分析和批判的思考方式解读媒体信息背后所隐藏的含义。它并非鼓吹对媒体的盲目批评,而是希望个体对媒体信息的优劣具备鉴赏力,能解读媒体信息背后的意识形态,了解媒体在人们日常生活中扮演的角色,进而鼓励人们从"主动的受众"向高媒体素养者发展。

在新媒体语境下,信息的发布和获取高度集成化与私人化,意义的表达趋于整合性和多重性,因而所谓的媒体识读能力并不仅仅局限在以往的阅读书报杂志等领域,而是拓展到了电影、电视和电脑等电子媒体。文字识读、影音识读和电脑识读并不是媒体识读的同义词,而是构成个体媒体识读能力的基本要素。媒体识读的意义在于了解传播知识的来源及各种科技媒体使用的符号和产生的信息,进而可以选择和诠释这些信息的影响。Livingstone(2001)认为,注重技巧和能力取向的媒体识读忽略科技和文本之间的关系,只重视个人能力的培养,忽视了对整个社会知识结构的了解。在此基础上,Baker(2011)将批判性思考纳入媒体识读能力中,认为媒体识读能力就是公民对媒体加以社会性、批判性的分析和评鉴,并且以多样的形态创造互动和沟通的力量。近几十年以来,越来越多的国家和地区意识到国民的媒体识读能力在社会发展中的重要作用,从当代社会必要能力的视角对此进行重新解读,将其从工具导向及职场技能导向逐渐向培养学生的批判力、沟通力和创造想象力等方面发展。Megee(1997)在前人的基础之上,总结了媒体识读能力四个方面的基本内涵:

(1)运用。了解如何使用各种媒体,如广播、电视、互动式媒体和其他形式的媒体,以及知晓如何运用这些媒体传送信息的新科技。

(2)分析。具有能力解读媒体信息和媒体组织的要素,了解媒体的形式和功能,所有权和管理结构,经济方面和政策方面的隐喻、信息、内容、企图和影响以及解码其意义。

(3)评估。具有多媒体做判断的能力,会运用新闻道德、评价美学来评估和比较媒体信息的价值。

(4)制作。具有以不同的媒介符号来制作和表达信息的能力。

少数民族大学生的媒体识读能力不仅关系到个人成才与发展,更关系到民族地区的整体发展与进步。就媒体识读能力与虚拟社会化的关系而言,学界争议比较大。张文林和杨文利(2008)认为好的媒体识读能力有助于培养青年群体的创新性,改变他们认识问题的思路和方法,获得家庭学校等现实社会所无法提供知识与经验,从而有利于个体社会化的实现。但是,媒体识读能力和虚拟社会化作为两种综合的个体现象,内部是一个复杂的系统,而已有研究往往将两者当作一个整体的概念来讨论,并不能很好地揭示两者的关系。

有鉴于此,本研究通过借鉴学界主流的测量工具,将媒体识读能力和虚拟社会化表现作为两个客观的、可观测的考察对象,探究少数民族大学生的媒体识读能力对他们虚拟社会化的影响。研究问题如下:

(1)新媒体语境下,少数民族大学生的媒体识读能力和虚拟社会化表现如何?

(2)少数民族大学生的媒体识读能力与他们的虚拟社会化表现存在何种关系?

三、研究设计

(一)研究对象

本章研究采取随机抽样方法,调查对象为北京和浙江两所民族院校中的低年级少数民族本科生。调查采取纸质问卷的形式,由研究者于 2017 年 12 月和 2018 年 7 月分两次请专人收集相关数据。调查过程中,实际发放问卷 550 份,回收问卷 467 份,问卷有效率为 84.9%。在调查有效样本中,男性 264 名(56.5%),女性 203 名(43.5%),大一年级 252 名(53.9%),大二年级 215 名(46.1%)。从专业背景来看,主要分布在文学、法学、社会学和管理学等人文类专业。从民族成分来看,主要是壮族、畲族、苗族、土家族和藏族等族群的大学生。所有受试对于现代网络媒体都比较熟悉,具备基本的现代媒介素养。

(二)研究工具

本章研究的调查工具分别改编自蔡晨(2017)设计的"大学生媒体识读能力量表"和郑文骁(2011)设计的"青少年虚拟社会化问卷"。结合本研究实际,研究者对两份量表的内容和文字表述进行适当改编,然后经过教育研究领域两位资深教授的审议和小范围的施测后,媒体识读能力最终版本的问卷共包含3大类9个题项,而虚拟社会化问卷则包含2大类6个题项。媒体识读能力量表主要专注少数民族大学生对广告媒介的识读,涉及区别真假、觉察说服和批判是非三种能力。以觉察说服为例,涉及的三个题项为"广告中聘请影视明星,可以增加商品的说服力""广告中的煽情手段,能提升观众购买产品的意愿"和"广告中同类产品的比较能让人更加信服"。虚拟社会化问卷主要关注少数民族大学生在网络情境下的行为表现,涉及人际互动和伦理道德两个方面。以人际互动为例,涉及的三个题项为"我会积极地通过微信和QQ等方式拓宽我的人际网络""我在网络中有交流比较频繁的固定朋友"和"我会真诚地和网络中的朋友交流互动"。正式版本的调查问卷见附录4。

整个测量工具使用李克特五分量表,受试根据其对每个命题的认可程度,在1至5的语义区间选择一个具体数值,1表示完全不符合,5表示完全符合,他们在每个类别上的整体得分即为媒体识读能力和虚拟社会化的表现。最终根据回收问卷的相关数据计算出媒体识读能力问卷的Cronbach's α系数为0.741,虚拟社会化问卷的Cronbach's α系数为0.752,说明两份问卷可靠性较高,内部一致性较好,可用于后续分析。

(三)数据处理

相关数据的处理和分析主要使用SPSS 19.0进行,所涉及的统计方法主要有描述性分析、相关分析和回归分析。具体说明如下:

(1)通过描述性分析对虚拟社会化和媒体识读能力各维度的平均值和标准差进行描写。

(2)通过相关分析探究虚拟社会化和媒体识读能力各维度之间的关系。

(3)通过回归分析探究虚拟社会化和媒体识读能力的潜在预测效应。

因变量:虚拟社会化。

自变量:媒体识读能力。

四、研究结果

（一）媒体识读能力与虚拟社会化表现

对少数民族大学生媒体识读能力和虚拟社会化的相关表现进行描述性统计，所有受试共可得到 7 个分值。表 5.1 呈现了媒体识读能力总分及区别真假、觉察说服、批判是非三个分项的平均分及标准差。表 5.2 呈现了虚拟社会化总分及人际互动和伦理价值两个分项的平均分及标准差。各组数据基本呈正态分布，说明本章研究受试选取合理，能较好代表国内少数民族大学生的现状。

表 5.1　媒体识读能力的主要统计量

主要统计量	媒体识读能力	区别真假	觉察说服	批判是非
平均值	3.60	3.93	3.59	3.28
标准差	0.58	0.76	0.79	1.01

表 5.2　虚拟社会化的主要统计量

主要统计量	虚拟社会化	人际互动	伦理道德
平均值	3.76	3.77	3.75
标准差	0.67	1.04	0.72

表 5.1 表明，受试的媒体识读能力均值为 3.60，略高于临界值 3，因而其整体的媒体识读能力较好。就各分项表现而言，学习者的区别真假能力较好，其均值达到了 3.93，其次为觉察说服能力，其均值为 3.59，较次之为批判是非能力，均值为 3.28。就标准差而言，总成绩及各分项成绩的波动范围在0.58—1.01 之间，这表明其内部存在一定差异。相比较而言，内部差异最明显的是批判是非能力，区别真假能力和觉察说服能力则比较接近。虚拟社会化表现的均值为 3.76，其表现要略好于媒体识读能力（M$_{媒体识读}$ = 3.60，M$_{虚拟社会化}$ = 3.76）。就两个分项而言，受试在人际互动上的表现与伦理道德

上的表现比较接近（M_{人际互动}＝3.77，M_{伦理道德}＝3.75）。同时，受试在虚拟社会化上的内部差异性较媒体识读能力明显，标准差波动范围为0.67—1.04。以上分析表明，当代少数民族大学生在新媒介情境下的媒体识读能力和虚拟社会化表现整体较好，但也存在各项能力发展不均衡和个体差异明显等问题。

（二）媒体识读能力与虚拟社会化的关系

皮尔逊双尾检验显示，被试的媒体识读能力与虚拟社会化表现相关系数 r 为0.387，显著性为 $p<0.001$，由此可见两者之间存在着一定程度的中度相关。从两者内部的5个分项概念来看，区别真假能力、觉察说服能力和人际互动表现、伦理道德表现之间存在不同程度正向相关，相关系数介于0.151—0.492之间。整体上来看，虚拟社会化的两个分项概念与区别真假能力的相关指数更高，达到了中度相关，而觉察说服能力则与虚拟社会化的两个分项概念存在轻度相关。具体而言，区别真假能力与人际互动表现的相关系数最高（$r=0.492$，$p<0.001$），觉察说服能力与伦理道德表现的相关系数最低（$r=0.151$，$p<0.001$）。此外，批判是非能力与虚拟社会化整体表现及分项表现之间皆不存在相关关系。相关数值见表5.3。

表 5.3　媒体识读能力与虚拟社会化总分及各分项的相关分析

主要统计量	媒体识读能力	区别真假	觉察说服	批判是非
虚拟社会化	$r=0.387^*$， $p=0.000$	$r=0.584^*$， $p=0.000$	$r=0.200^*$， $p=0.000$	$r=0.073$， $p=0.117$
人际互动	$r=0.302^*$， $p=0.000$	$r=0.492^*$， $p=0.000$	$r=0.156^*$， $p=0.001$	$r=0.029$， $p=0.525$
伦理道德	$r=0.291^*$， $p=0.000$	$r=0.386^*$， $p=0.000$	$r=0.151^*$， $p=0.001$	$r=0.094$， $p=0.042$

注：$^* p<0.05$

为进一步确认媒体识读能力与虚拟社会化表现之间的关系，研究者以媒体识读能力为自变量，以虚拟社会化表现为因变量，进行一元线性回归分析,以检验媒体识读能力对虚拟社会化的单独影响和贡献程度。本次回归分析满足误差呈正态分布以及误差和预测变量不相关的前提假设。回归结果显示,媒体识读能力与虚拟社会化的模型决定系数为 $R^2=0.150$,方差检验值 $F=81.907$,$sig.<0.001$,因而该模型具有统计意义,即媒体识读能力对虚拟社会化表现具有一定的预测作用,但拟合度较弱,只解释 15% 的变异。相关回归系数见表 5.4。

表 5.4　媒体识读能力对虚拟社会化的回归分析

模　型	非标准化系数		标准系数	t	Sig.	共线性统计量	
	B	标准误差	试用版			容差	VIF
（常量）	2.142	0.182		11.800	0.000		
媒体识读能力	0.450	0.050	0.387	9.050	0.000*	1.000	1.000

注: * $p<0.05$

两种统计方法得出如下结论:少数民族大学生的媒体识读能力与他们的虚拟社会化表现存在一定程度的相关关系,媒体识读能力中的区别真假能力与虚拟社会化表现的关系最为密切。媒体识读能力对虚拟社会化表现具有一定的预测作用,但预测力较弱。从一定意义上来说,媒体识读能力好的少数民族大学生在网络情境下的虚拟社会化表现也更好,反之亦然。

五、研究讨论

（一）媒体识读能力与虚拟社会化表现

通过对新媒体语境下少数民族大学生的媒体识读能力和虚拟社会化表现进行评估,研究发现他们的整体表现尚可,其均值分别为 $M_{媒体识读}=3.60$,$M_{虚拟社会化}=3.76$,两者都高于临界值 3,同时存在内部差异大和发展不均衡等问题。从调查结果来看,少数民族大学生在新媒体语境下的媒体识读能力和虚拟社会化表现还有待进一步引导和提高。

就媒体识读能力而言,少数民族大学生的区别真假能力最好,觉察说服能力和批判是非能力次之。这表明,本章研究的少数民族大学生能够识别媒体符号所传递的内容,对于内容背后所隐藏的意义和内涵则关注不够。媒体信息是为特殊目的而创造出来的,本身就带有利用大众传播的传销手法来增添混淆视听的成分,对具有丰富生活经验的成年人来说也不能很好地加以鉴别(蔡晨,2017)。但当代大学生作为与互联网共成长的一代,对于网络媒体所惯用的技巧与手段已经有所熟悉。王蔚蔚(2013)的调查就表明,少数民族大学生在网络中主要进行娱乐和消遣等文化生活类活动,对于网络虚假信息已经具备了基本的自我安全意识。同时,他们在日常生活中较高的媒介接触率也有利于培养他们对于虚假信息的甄别能力。此外,少数民族大学生对于商品广告如何运用传播技巧来说服顾客购买商品已经有所意识,会根据自己的需求进行理性选择。但他们此方面的意识还不够强烈,这一方面与他们自身的社会经验不足有关,另一方面也可能与他们没有受到充分的媒体识读教育有关。这提醒教育行政部门必须要加强少数民族大学生对市场说服性策略与手段知识的学习与理解,提升他们对市场信息的分析力。最后,本章研究的少数民族大学生在批判是非能力方面得分最低,这是一个较紧迫的问题。他们大多数只能根据直觉或已有经验对接收的媒体信息进行解读,无法深入理解信息背后所要传递的真正意图。现代主义教学模式并没有把思辨能力作为教学重点,因而批判思维能力作为一项比较高级的认知能力本身就是中国大学生的短板(何莲珍、林晓,2015)。在网络信息快速传播的今天,加强少数民族大学生的批判思维能力具有重要的意义。假如他们没有具备一定的明辨是非能力,就会容易认同负面信息的表现形式,从而掉入错误价值批判的陷阱中,走上错误的人生发展道路。

就虚拟社会化表现而言,少数民族大学生的人际交往表现最好,伦理道德表现次之。这与陈勇和万瑾(2009)有关一般大学生的虚拟社会化调查结果相互一致,这表明在新媒体语境下,中国大学生群体的虚拟社会化表现出一定的共性。网络社会作为一种新型的社会结构形态,其实质是现实社会的延伸。网络虚拟社会为大学生群体提供了便利的联系场所,个体可以在其中塑造一个或多个跟真实世界身份不同的自我(刘中天、风笑天,2004)。

通过与虚拟社会中不同个体间的交往,大学生群体积累了一定的社会经验,为将来真实社会中的角色扮演奠定了基础。在本研究中,少数民族大学生群体的人际交往均值为3.77,具体表现为他们具有很强的交际意愿,在网络中也有固定的交际群体,并乐于与他人分享学习生活情况。这可能因为本研究群体处于大学低年级阶段,他们的社会心理相对比较单纯,对大学生活有较多的憧憬,也有较多的业余时间投入到网络人际关系的建构。同时,网络环境淡化了民族身份的标记,他们的网络交际对象并不限于本族群内部,更多表现出学习共同体或兴趣爱好共同体的特征。

虚拟化的网络空间失去了存在于现实社会中的道德实践根基,容易产生网络诈骗、网络剽窃和网络色情等社会伦理道德问题。青少年虚拟社会化中的伦理道德问题究其实质就是道德信念危机、道德权威缺失和道德约束力弱化(阎孟伟,2006)。沈广彩(2009)的调查就表明,少数民族大学生对于网络媒体的使用和信息内容的接受随意性比较大且仅停留在消遣层面,没有相关的民族文化意识和道德伦理意识。就本研究而言,少数民族大学生在虚拟社会化中的伦理道德表现虽然整体较好,均值达到了3.75,但也存在着一些问题。首先,网络社会具有信息传播快、手段隐蔽等特性,某些少数民族大学生会自主或不自主地浏览一些色情或暴力等信息,从而弱化他们的道德意识,造成道德偏离。其次,网络社会充斥着大量唾手可得的新鲜事物,这对于青年群体具有巨大吸引力,一些少数民族大学生在进入大学以后就会浪费大量时间和精力在网络游戏上,不仅影响学习,严重的还会造成人格异化进而诱发犯罪。相比较而言,少数民族大学生在虚拟社会中的道德伦理问题要比人际交往问题更为严峻。

(二) 媒体识读能力对虚拟社会化表现影响

通过回归分析,研究发现少数民族大学生的媒体识读能力对虚拟社会化表现存在一定的预测作用。这表明媒体识读能力作为新媒体语境下个体必须具备的一项基本素养能影响少数民族大学生的虚拟社会化表现。黄万胜(2006)认为新媒体的语境使得当代大学生脱离了继往开来的代际传承,脱离了观念、伦理和责任的相袭相续,而现代传播技术的普及型、大众性和民主性更适应青年群体生理及心理发展的特点,因而他们的媒体识读能力在虚拟社会化中的作用必然会凸显。从两者的整体关系来看,媒体识读能力对少数民族大学生虚拟社会化的表现主要体现在其监管作用。具备较好媒体识读能力的少数民族大学生在高风险的虚拟网络社会中越能平衡虚拟空间和现实空间的差异,在面对诱惑性体验中不致迷失自我。同时,他们会通过信息获取能力和媒介传播方式,以网络特有的文化功能改造和调试他们的生活,而这正是媒体识读教育的本质所在。

就两者的内部关系而言,媒体识读能力中的区别真假能力与人际交往和道德伦理表现关系最为密切。网络虚拟社会呈现了大量的碎片化信息和无中心议题,信息没有了道德属性和法律约束,更多只是符号化的表达,很多甚至是毫无意义的申诉(鲍鹏飞,2015)。在此背景下,个体在面对纷繁复杂的信息时所具备的区别真假能力就显得尤为重要。已有研究表明,网络给大学生群体带来的虚拟社会化问题大多属于道德领域(张胜芳,2003)。大学生群体的个性心理和人格结构正处于稳定形成的过程中,容易受到网络信息中所隐含的文化价值观影响,假如他们不具备足够的区别真假能力就容易造成伦理道德价值观的冲突和迷失。此外,网络中的人际交往主要通过人机对话来实现,交际个体之间,尤其是同一民族内部的亲和力得不到充分的展现,因而个体需要对所接收的信息进行真假的区别才能做出有效的回应以使交际顺利进行。

但是,就本章研究而言,媒体识读能力对虚拟社会化的预测力不够理想,觉察说服能力与虚拟社会化表现只存在弱相关性,批判是非能力与虚拟社会化表现不存在相关性。这可能有两方面原因。首先,本章研究在取样时,采取方便取样的方法,只关注受试的少数民族身份,忽视了其内部差异性。实际上,受地区经济发展和家庭背景等因素影响,不同族群的少数民族大学生在媒体识读能力和虚拟社会化上的表现本身就存在差异。其次,研究结果中预测力不强也可能与本研究虚拟社会化的语境有关。本章研究有关少数民族大学生的虚拟社会化表现选取了人际交往和伦理道德两个指标,更多关注他们在一般校园生活语境中的虚拟社会化表现,而媒体识读能力问卷则关注广告营销等商业语境。这表明未来在开展相关研究时,需要设计针对性更强的测量工具。至于批判是非能力与虚拟社会化表现不存在相关性则可能与他们自身的批判是非能力比较低有关。少数民族大学生大多来自偏远落后地区，思想相对比较单纯，本身就不具备足够的批判是非能力，更不用说有策略地应用该能力在网络人际交往和伦理道德的思考中。

六、研究结论及建议

本章研究目的在于考察新媒体语境下，少数民族大学生的媒体识读能力和虚拟社会化表现以及媒体识读能力对他们虚拟社会化表现的影响效度。研究结果表明，少数民族大学生的媒体识读能力和虚拟社会化表现整体表现尚好，但也存在着内部差异大和发展不均衡等问题。这加深了我们对于少数民族大学生这一特殊群体在新媒体语境下相关表现的认识，为教育行政部门更好地开展教书育人工作提供了新的实证依据。就媒体识读能力与虚拟社会化表现而言，研究发现两者存在显著的正向关系，前者对后者具有一定的预测力，尤其是区别真假能力在少数民族大学生虚拟社会化表现上起到了重要作用。这加深了我们对于媒体识读能力在少数民族大学生虚拟社会化中重要作用的认识，厘清了媒体识读能力在虚拟社会化上的内部影响机制问题。针对以上结论，研究者建议如下：

（一）加强媒体识读课程建设

国外的相关教育实践表明，在大学教育中导入媒体识读教育课程，是培养大学生媒体识读能力最有效、最科学的方法之一（Bruno，2002）。透过媒体识读教育，学生对媒体所使用的语言有更深入的了解，也能让少数民族青年群体在其所属团体中有表达及寻求认同的机会，从而实现他们的社会化。学校课堂是实施媒体识读教育的主要途径，教育行政部门要建立与当前人才培养目标相一致的课程体系以及课程制度文化。就媒体识读课程而言，学校需要结合少数民族大学生的生源背景和现实需求，制定相关的课程培养方案、课程实施计划、教学质量标准和学生管理制度等举措，尤其要关注少数民族大学生在新社会时期的多元文化教育，要将主流社会适应与民族文化传播有机结合起来。完善的制度体系是有效推进课程文化建设的重要保障,只有将媒体识读教育纳入学校课程体系,成为正规教育的组成部分,从制度层面进行有效的监督和建设,才能全面提高媒体识读教育的品质,从而获得社会的认可。针对媒体识读课程的跨学科性,学校管理部门还应考虑相关媒体识读课程的立项,组织不同学院和专业背景的教师组建核心课程组,通过不同学科间教师的互动来提升课程的教学质量,更好地培养学习者的媒体识读能力。

(二)加强网络道德教育

网络社会是现实社会的一部分,网络社会事件会影响到现实社会的秩序,网络行为也会影响到现实生活主体的人生发展方向(李一,2014)。网络社会在少数民族大学生虚拟社会化中所起的作用越来越显著,但网络社会话语权主体的削弱让其难以完成道德社会化的任务,高校的教育行政部门需要现实的网络道德教育来培养他们的自我意识,为他们的虚拟社会化提供支持。网络道德教育不是简单的网络舆情管理、危机管理和突发事件管理,而是网络媒体环境下多方位的协同育人模式。一方面,教育行政部门要以思想道德课程为载体,加强法律规章制度的宣讲,让他们明白法律是道德的底线和最低标准,唤醒他们在网络社会中的道德意识,自觉地抵制网络色情、网络暴力等不良信息,在校园范围内建立积极有影响力的道德话语体系。另一方面,学院的专职辅导人员也要关注少数民族大学生这一特殊群体的网络现实需要,分析他们在虚拟社会中的心理特点和行为特点,了解他们的内心感受和心理发展,熟悉他们的话语表达和交际方式。如有必要和可能,学校也可建立专门的网络虚拟社区和网络组织,调动他们通过网络更好实现自身虚拟社会化的主动性和积极性,真正把网络道德教育落到实处。实际上,通过网络 BBS 论坛或微信公众号来引导少数民族大学生树立正确的道德价值观和健康的网络生活就是不错的举措。

(三)加强校园文化建设

高校校园文化建设是学校和谐发展的重点载体,它将学校的教学、管理、生活、社团等活动有机结合起来,是实现高校精神文明建设和高素质人才培养的重要途径(石丽敏,2010)。校园文化对于提高少数民族大学生社会化水平起到重要的作用,它承载了少数民族大学生的人格追求和道德追求。针对民族院校大学生族群成分复杂这一现象,各高校要加强学校的精神文化建设和制度文化建设,努力创建符合学生期望的多元文化校园氛围。一方面,高校管理部门要充分发挥校园文化的平台作用,充分利用广播台、电视台、校报和网络中心等媒介,积极开展电视节目制作,主持人大赛、影视作品展播和网页制作大赛等活动,通过媒体实践提高他们的媒体识读能力。另一方面,高校学生团体应该积极探索将民族特色教育融入校园文化建设中,通过精心组织主题教育活动和定期开展民族文化讲座等活动将少数民族大学生的注意力从虚拟社会拉回到现实社会。实际上,在个体的人生成长过程中,现实社会化和虚拟社会化,两者各有所长,不可有所偏颇。少数民族大学生的校园文化建设应该以学生为中心,注意多元文化的面向,要将校园媒体环境与大众传媒作为广大学生接触和参与媒体实践活动的阵地和平台,通过虚拟社会化和现实社会化的有机结合,更好地促进他们健康成长。

第六章　亲社会行为研究

一、引言

亲社会行为是个体社会化的一个重要组成部分,是个体在社会化过程中形成的一种心理和行为倾向。它作为一种常见的社会现象,已经引起发展心理学家和社会心理学家的关注。已有研究表明,青少年的亲社会行为对他们的心理健康、人际关系和社会适应发挥至关重要的作用。从个体层面来讲,亲社会行为能增进个体的积极情绪和社会兴趣(Nelson et al.,2016)。从人际关系层面来讲,亲社会行为对增进人际交往、促进人际适应及人际和谐具有重要作用(Rotenberg et al.,2005)。从社会层面来讲,亲社会行为是社会公益和社会责任的象征,是社会和谐发展与建构的基石(王丽,2003)。因而,亲社会行为反映了自我与他人、个体与群体的关系,对个体健康发展以及社会和谐稳定具有重要作用。近几十年来,由于个人主义文化的盛行,人与人之间的距离变得更加疏远,当代青少年在利他行为上存在明显的弱化问题(张倩倩,2018)。青少年正处于走向社会的关键时期,他们的亲社会行为发展还会影响到成年后的社会表现(Sonnentag and Grant,2012)。如何帮助他们关注社会、服务社会,养成亲社会行为的健康人格和正确价值观念是一个有待讨论的重要议题。本章以浙江省两所高校少数民族大学生的亲社会行为为研究对象,从社会认知视角探究其普遍性特点和产生机制问题。对相关问题的讨论有助于加深对少数民族大学生亲社会行为的认识,进一步了解社会认知系统对他们亲社会行为的影响过程,进而为校园精神文明建设和少数民族大学生的管理提供有针对性建议。

二、研究理论

（一）亲社会行为研究

亲社会行为一词最早由美国心理学家 Weisbeig(1972)年在《社会积极形式考察》一书中提出，用来代表所有的与侵犯等否定性行为相对应的行为，如同情、慈善、分享、协助、捐款、救灾和自我牺牲等。这些行为表现各异，所处的情境也大不一样，但都有一个共同的基本目标，即让他人乃至社会获得益处。Piliavin(1981)有关亲社会行为的定义为学界广为引用，即"亲社会行为是由社会所限定的，一般有益于他人和当前行政系统的行为"。该定义主要是从行为的社会背景和行为的后果角度来进行定义。寇彧和张庆鹏(2017)认为，该定义有三个重点：

首先，亲社会行为是一种人与人之间的社会互动行为，在单个个体身上是不会出现亲社会行为的，必须有一个行为的实施者以及一个行为的接受者。

其次，亲社会行为由社会所限定，表明这种行为是否亲社会需要一个社会判断，而这种判断是能做出改变的。例如日常时期从药店拿东西不给钱是不道德的，但在战争时期，为救人而砸开商店取药就可以被判定为亲社会行为。

最后，一个社会常常受当前执政的行政系统影响，有益于当前行政系统的行为通常被看作是亲社会的。

一般而言，学界会将个体的亲社会行为分成两类。第一种是自发的亲社会行为，动机为无私的关心他人。第二种则是期望获得报酬、对自身有利的亲社会行为。如果把亲社会行为看作是一个连续体，那么这两种分类恰好处于连续体的两端，即一端是以增加自我利益行为为朝向，另一端是以增加他人利益行为为朝向。因而，亲社会行为可以同时包括利他和利己两种成分，不一定是完全牺牲自己利益的行为，理想的亲社会行为是尽可能对他人有利、利己主义成分最少的行为(杨静,2006)。值得一提的是，在学界往往也存在将亲社会行为、利他行为和助人行为进行混用的情况。但 Krebs(1994)则认为，三者在外延上还是存在一些区别，亲社会行为的内涵已包含了利他行为和助人行为。

当前,学界对亲社会行为的研究主要有三种理论视角:进化心理视角;社会文化视角;社会认知视角。进化心理学从进化论的角度来解释人类的亲社会行为。该理论认为,生命的本质是基因的保存,这个本能驱使个体以取得最大生存机会的方式来活动。Campbell(1975)的研究发现,人类在进化历程中被安排了两种特殊的无私属性,分别是对家庭保护和互惠。对家庭保护指亲代为使自己的基因继续存活而热爱保护自己的子辈,并将子辈的幸福放在自己的幸福之上。互惠指个体之所以帮助其他人是因为他也期待其他人能够在未来能够帮助自己。如果人们的付出行为得不到日后的互惠,就如同是受到了惩罚一样(Trivers,1971)。家庭保护和互惠涉及的自我牺牲能够使基因更好地保存并延续下来。社会文化学则从社会交换和社会规范两个角度对亲社会行为进行解释。社会交换理论认为,人的社会行为是受到"社会经济学"导向的,人们相互作用的目的在于以个人最小的代价获取最大报酬的交易。在交际过程中,个体会对行为的成本与收益进行精细评估,如果一项行为的好处或收益大于其成本或代价,这种行为就更容易做出(Gergen,1981)。同时,个体的助人行为常常伴有隐蔽的个人收获。Foa & Foa(1975)认为,亲社会行为的回报并不局限于物质或金钱,很多时候还涉及社会性东西,例如爱、信息、个人形象和地位等。总而言之,社会交换理论认为,人们之所以对他人实施某种行为,其实是个体权衡利弊后做出的反应,他们期待能够通过交换获得"收支"平衡。社会规范理论则认为,个体帮助他人并不是有意识地计算这种行为能给自己带来什么好处,而是受社会伦理责任影响的一种无意识行为。我们应该帮助那些生活上需要帮助的人吗,而不考虑即时的交换,这就是社会责任规范(Berkowitz,1972)。社会认知学则从个体认知视角出发,关注信念、记忆、期望、动机以及自我强化等认知因素在个体亲社会行为中的作用。Marsh(2007)的情绪胜任力理论认为,个体会以文化认可的方式表达情绪,移情性地卷入他人的情感体验并做出同情性反应。当个体具备较高的情绪胜任力时,就会更好地调动资源去学习新知识并发展才能,而情绪胜任力缺陷则会导致问题行为产生,如经常欺负他人的儿童就常有情绪调节困难、情感表达不适宜等问题。Holloway et al.(1977)的社会观理论则更强调心境在个体亲社会行为中的作用。该理论认为积极心境使人产生更积极的社会认知,使个体更强调人类的善良与合作,而消极心境与亲社会行为之间的关系则复杂得多。Duval et al.(1979)进一步阐述了积极心境产生的根源,即只有当个人是积极事件的发起者或接受者时,个体才能通过积极情感和认知来帮助别人。

综合来看,上述三种取向的亲社会行为研究有明显的相似之处,都包含了利他主义和互惠主义两个内涵。但是,进化心理视角是建立在生物学的基础之上,社会文化视角凸显了社会环境的作用,社会认知视角则凸显了个体认知的作用。本章对于亲社会行为的研究主要从社会认知视角切入,凸显其在人际互动中利他的内涵。

(二) 社会认知因素与亲社会行为

在有关亲社会行为的社会认知影响因素中,移情(empathy)是被讨论最广泛的一个因素。移情指个体感受和体验他人情绪情感和心理状态的能力(Singer and Lamm,2009)。该词最早来自哲学和美学,后被广泛应用到心理学研究中。移情包含了两方面内容。一是认知内容,即移情是认知他人情绪状态和体验他人情绪情感。二是情感内容,即移情是理解他人情绪情感并产生相似的体会和经历。因而,移情的过程包含了情感觉知、辨别他人主观状态以及做出恰当情绪反应三个部分。移情共有两种,分别是特质移情和状态移情。特质移情指个体对他人情绪情感的感知能力,它是一种存在于个体内并且具有个体差异性的稳定特质(Davis,1983)。状态移情则是指在特定情境下个体诱发的情绪动态反应(Baston,1996)。两者有着不同的神经认知机制,在测量方式和研究方法上也不尽相同(Fan et al.,2011)。

移情与亲社会行为之间存在密切关联。Crick & Dodge(1994)的社会信息加工模型指出,亲社会行为的前提和基础是线索编码,个体在此阶段会观察他人的痛苦表情,并对他人的痛苦感同身受,而这正是个体决定实施亲社会行为的基础。从实证研究来看,学界普遍认可移情与亲社会行为之间的正向关系。Greener(2000)的研究表明,高亲社会组对象的移情水平要明显高于低亲社会组,前者在对他人面部表情的分辨和自我情绪的控制上尤为明显。Hudec(2002)的研究表明,移情不仅可以预测个体是否愿意为他人提供帮助,还可以预测个体愿意在多大程度上实施帮助行为。Hackenberg-Culotta(2002)的研究还表明,移情不仅是亲社会行为的直接动机源,还常常在其他影响中扮演中介作用。Marsh et al. (2007)的研究还发现,移情中的知觉他人痛苦才是影响个体亲社会行为的主要因素。

但是,以往有关亲社会行为影响因素的讨论主要关注"正性"人格特质,对于"负性"人格特质在其中扮演的角色鲜有关注。王雪颖(2021)认为,从"负性"人格特质角度开展相关研究是十分有必要的,有利于其他人格特质群体亲社会行为有效激励方式的探索。从人际敏感性角度切入则是近十几年来一个新兴的研究视角。人际敏感性是一种持续关注消极社会评价为特征的稳定人格特质。它的主要特征包括:对社会反馈的敏感;对他人反应的警觉;对他人行为和主张的过分关注;对实际批评或拒绝的过分敏感;对他人人际行为的频繁误解;感到自卑;在他人面前感到不自在;不自信(Boyce and Parker,1989;Otani et al.,2008)。在人格领域,人际敏感性通常与低自尊和适应性不良密切相关(Martin and Miller,2013)。在社会行为领域,人际敏感性却是一种与助人行为相关的人格特质。当面对处于困境中的他人时,高人际敏感性的个体能够更深刻理解他人的情绪、状态和感受(Batson,1987;李晴蕾、王怀勇,2019)。同时,武媛媛(2020)的研究还表明,移情会和其他人格特质一起共同作用于亲社会行为。人际敏感性和移情存在正相关,那么两者在个体的亲社会中行为中是否存在交互效应也值得我们进一步探究。

综上所述,本章研究主要关注少数民族大学生的移情、人际敏感性和亲社会行为之间的关系。主要研究问题如下:

(1)少数民族大学生的亲社会行为存在何种特点?

(2)移情和人际关系敏感性在他们的亲社会行为上存在何种关系?

三、研究设计

(一) 研究对象

本章研究调查对象为浙江省内两所高校的 101 名少数民族大学生。在所有调查对象中,男性 36 人,女性 65 人,大一新生 35 人,大二学生 37 人,大三学生 29 人。

(二) 研究工具

本章研究通过问卷调查方式获取研究所需数据。

调查问卷共有三份,即"亲社会行为问卷""移情问卷"和"人际关系敏感性问卷"。三份问卷分别改编自杨莹等(2016)、梁晶晶(2017)和王雪颖(2021)的相关研究。改编涉及原始问卷中某些题项的删除及个别句子表述的修订。经过两位教授的内容评判和小范围施测,正式版本的"亲社会行为问卷"包含四个部分,分别是利他性行为(4 个题项)、公益性行为(5 个题项)、关系性行为(3 个题项)和特质性行为(3 个题项)。利他性行为指基于个人付出自我代价的助人行为,如"见义勇为"和"帮助困难中的同学"。公益性行为指维护公共利益和遵守社会公德的行为,如"环保行为"和"尊敬长辈"等。关系性行为指通过提升人际关系来达到亲社会目的的行为,如"增进友谊"和"互相倾吐心事"等。特质性行为指通过提升自我修养或个体品质来达到亲社会目的的行为,如"待人忠诚"和"与人为善"等。正式版本的"移情问卷"包含两个部分,分别是认知移情(4 个题项)和情感移情(4 个题项)。正式版本的"人际关系敏感性问卷"包含一个部分,即"人际敏感性"(5 个题项)。整份问卷均采用李克特五分量表。数字"1"表示"完全不符合",数字"5"表示"完全符合"。正式版本的调查问卷见附录 5。

问卷以纸质形式发放,共发放问卷 120 份,剔除个别题项回答缺失和所有题项回答一致的无效问卷后,最终有效问卷 101 份,问卷有效率为84.17%。可靠性分析表明,亲社会行为部分的 Cronbach's α 系数为 0.945,移情部分的 Cronbach's α 系数为 0.837,人际关系敏感性部分的 Cronbach's α 系数为 0.791。

（三）数据分析

数据分析在 SPSS 19.0 中进行，主要应用如下：

1. 通过描述性统计对所有受试的亲社会行为、移情和人际关系敏感性进行描述性分析。

2. 通过 Factorial ANOVA 分析性别和年级在亲社会行为中的交互效应。

有关统计所涉及的变项情况如下：

因变量：亲社会行为。

自变量：

（1）性别：M＝男性；F＝女性。

（2）年级：F＝大一；S＝大二；J＝大三。

3. 通过回归分析讨论移情和人际关系敏感性在亲社会行为各维度上的预测效应。

有关统计所涉及的变项情况如下：

因变量：（1）利他性亲社会行为；（2）公益性亲社会行为；（3）关系性亲社会行为；（4）特质性亲社会行为。

自变量：（1）认知移情；（2）情感移情；（3）人际关系敏感性。

4. 通过 Factorial ANOVA 检验移情和人际关系敏感性在亲社会行为各维度上的交互效应。

有关统计所涉及的变项情况如下：

因变量：（1）利他性亲社会行为；（2）公益性亲社会行为；（3）关系性亲社会行为；（4）特质性亲社会行为。

自变量：（1）移情；（2）人际关系敏感性。

四、研究结果

（一）亲社会行为的特点分析

所有受试共可得到 5 个分数，包含亲社会行为的整体得分及各分项分数。表 6.1 呈现了亲社会行为及利他性、公益性、关系性、特质性四个维度的平均分及标准差。各组数据基本呈正态分布,说明本研究受试选取合理,能较好代表当前少数民族大学生亲社会行为的现状。

表 6.1　亲社会行为整体分析

	N	最小值	最大值	平均值	标准差
亲社会行为	101	8.00	20.00	15.43	2.38
关系性	101	1.66	5.00	3.79	0.69
利他性	101	2.00	5.00	4.14	0.64
特质性	101	1.00	5.00	3.86	0.86
公益性	101	1.00	5.00	3.65	0.90

表 6.1 表明,基于满分 20 分的亲社会行为而言,均值为 15.43,因而受试整体的亲社会行为表现较好,超过临界值 12,将近达到良好的水平。就各分项表现而言,他们的利他性行为表现最好,均值达到了 4.14,其次为特质性行为,均值为 3.86,较次之为关系性行为和公益性行为,均值分别为 3.79 和 3.65。就标准差而言,受试的整体表现及各分项表现的波动范围在 0.90—2.38 之间,这表明其内部差异还是比较明显。相比较而言,内部差异最明显的是公益性行为,次之的是特质性行为,利他性行为和关系性行为则比较接近。综合而言,少数民族大学生在亲社会行为上的特点可概括为利他性行为＞特质性行为＞关系性行为＞公益性行为。

表 6.2 呈现了性别和年级在亲社会行为整体表现上的交互分析结果。析因分析表明,性别对亲社会行为的主效应明显($F = 5.594, p < 0.05$),但是年级对亲社会行为的主效应则不明显($F = 3.044, p > 0.05$)。这表明,不同性别的少数民族大学生在亲社会行为上存在显著性差异,不同年级的少数民族大学生在亲社会行为不存在显著性差异。此外,性别 * 年级($F = 1.235, p > 0.05$)在亲社会行为上的主效应也不显著。这表明,性别与年级在亲社会行为上不存在两两交互作用。

表 6.2　性别和年级在亲社会行为上的交互效应

源	III 类平方和	自由度	均　方	F	显著性
修正模型	62.167[a]	5	12.433	2.336	0.048
截　距	22 106.456	1	22 106.456	4 152.626	0.000
性　别	29.782	1	29.782	5.594*	0.020
年　级	32.412	2	16.206	3.044	0.052
性别 * 年级	13.146	2	6.573	1.235	0.296

注：* $p < 0.01$

　　鉴于性别因素在受试亲社会行为上的主效应显著,研究者对此展开进一步分析。事后比较表明,男性少数民族大学生在亲社会行为的整体表现上要好于女性少数民族大学生。相关数据见表 6.3。

表 6.3　亲社会行为的性别差异

	N	均值	标准差	F	Sig	事后比较
男	36	16.10	2.02	4.573*	0.035	男性＞女性
女	65	15.06	2.49			

注：* $p < 0.01$

（二）移情、人际关系敏感性与亲社会行为的关系分析

　　前期数据统计表明,受试的移情总体表均值为 7.71,其中情感移情均值为 3.73,认知移情均值为 3.98,标准差介于 0.62—0.81 之间。受试的人际关系敏感性均值为 3.50,标准差为 0.67。皮尔逊双尾检验显示,受试的亲社会行为、人际关系敏感性与移情之间存在不同程度的显著性相关,但相关程度不是很高。从各分项的相关性来看,认知移情与亲社会行为四个分项的相关性最好,达到了中度相关,相关系数分别为 0.336 和 0.569。情感移情与特质性行为之间不存在显著性相关,与亲社会行为的其他三个分项之间存

在轻度相关,相关系数介于 0.244—0.328 之间。人际敏感性与特质性行为之间存在中度相关,与亲社会行为的其他三个分项之间存在轻度相关,相关系数介于 0.229—0.237。总体上而言,认知移情与亲社会行为四个分项的关系最密切,人际敏感性次之,情感移情又次之。具体的相关系数如表 6.4 所示。

表 6.4   移情、人际敏感性与亲社会行为的相关分析

		关系性	利他性	特质性	公益性
认知移情	皮尔逊相关性	0.450**	0.569**	0.483**	0.336**
	显著性(双尾)	0.000	0.000	0.000	0.001
情感移情	皮尔逊相关性	0.299**	0.244*	0.178	0.328**
	显著性(双尾)	0.002	0.014	0.075	0.001
人际敏感性	皮尔逊相关性	0.237*	0.285**	0.392**	0.229*
	显著性(双尾)	0.017	0.004	0.000	0.021

注: * $p < 0.01$

为进一步确认移情、人际敏感性与亲社会行为之间的关系,研究者以移情和人际敏感性为自变量,以亲社会行为的四个分项为因变量,分别进行进入式多元线性回归,以个体认知因素对亲社会行为各分项的单独影响和贡献程度。回归结果显示,移情、人际敏感性与关系性行为的模型决定系数为 $R^2 = 0.200$,方差检验值 $F = 9.330$,$sig. < 0.001$,因而该模型具有统计意义,即移情、人际敏感性对关系性行为具有很好的预测作用,可以累计解释其 20.0% 的变异。在该模型中,只有认知移情($Beta = 0.363$)能影响关系性行为。移情、人际敏感性与利他性行为的回归模型也具有统计学意义,$R^2 = 0.318$,方差检验值 $F = 16.538$,$sig. < 0.001$,即移情、人际敏感性对利他性行为具有很好的预测作用,可以累计解释其 31.8% 的变异。在该模型中,也只有认知移情($Beta = 0.543$)能影响利他性行为。移情、人际敏感性与特质性行为的回归模型也具有统计学意义,$R^2 = 0.280$,方差检验值 $F = 13.989$,

$sig.<0.001$，即移情、人际敏感性对特质性行为具有很好的预测作用，可以累计解释其 28.0％的变异。在该模型中，认知移情的影响最大（$Beta=0.427$），其次为人际敏感性（$Beta=0.270$）。移情、人际敏感性与公益性行为的回归模型也具有统计学意义，$R^2=0.143$，方差检验值 $F=6.540$，$sig.<0.001$，即移情、人际敏感性对公益性行为具有很好的预测作用，可以累计解释其 14.3％的变异。在该模型中，只有情感移情（$Beta=0.219$）能显著影响亲社会行为。相比较而言，特质性行为模型的方差拟合度最好，关系性行为和利他性行为模型的方差拟合度次之，公益性行为模型的方差拟合度最弱。相关回归系数见表 6.5。

表 6.5 移情、人际敏感性与亲社会行为的回归分析

模 型		未标准化系数		标准化系数	t	显著性
		B	标准误差	Beta		
关系性	（常量）	1.414	0.465		3.041	0.003
	认知移情	0.406	0.117	0.363	3.474*	0.001
	情感移情	0.100	0.087	0.116	1.150	0.253
	人际敏感性	0.109	0.094	0.109	1.163	0.248
利他性	（常量）	1.580	0.396		3.990	0.000
	认知移情	0.559	0.099	0.543	5.620*	0.000
	情感移情	−0.019	0.074	−0.024	−0.254	0.800
	人际敏感性	0.113	0.080	0.123	1.420	0.159
特质性	（常量）	0.537	0.551		0.974	0.333
	认知移情	0.596	0.138	0.427	4.308*	0.000
	情感移情	−0.063	0.103	−0.059	−0.613	0.542
	人际敏感性	0.338	0.111	0.270	3.035*	0.003

续　表

模　型		未标准化系数		标准化系数	t	显著性
		B	标准误差	Beta		
公益性	（常量）	0.992	0.625		1.586	0.116
	认知移情	0.280	0.157	0.193	1.784	0.077
	情感移情	0.246	0.117	0.219	2.101*	0.038
	人际敏感性	0.178	0.126	0.137	1.413	0.161

注：*$p < 0.01$

　　上述分析只局限于移情、人际敏感性与亲社会行为各分项的单一分析，未考虑两者的交互效应。研究者以问卷中的临界值为基准，将受试的移情表现与人际敏感性表现各划分为两组。其中移情组的临界值为 6，人际敏感性组的临界值为 3。研究结果表明，共情和人际敏感性只在特质性行为上存在交互效应（$F = 4.743, sig. < 0.001$），在关系性行为、利他性行为和公益性行为上都不存在交互效应（$F = 1.065, sig. > 0.001; F = 0.202, sig. > 0.001; F = 0.116, sig. > 0.001$）。其交互效应见表 6.6。

表 6.6　共情、人际敏感性与亲社会行为的交互分析

	源	III 类平方和	自由度	均　方	F	显著性
关系性	修正模型	6.662[a]	3	2.221	5.166	0.002
	截距	503.614	1	503.614	1 171.745	0.000
	共情组别 * 人际组别	0.458	1	0.458	1.065	0.305
利他性	修正模型	4.515[a]	3	1.505	3.985	0.010
	截距	617.429	1	617.429	1 634.755	0.000
	共情组别 * 人际组别	0.076	1	0.076	0.202	0.654

续 表

	源	III 类平方和	自由度	均 方	F	显著性
特质性	修正模型	15.925ᵃ	3	5.308	8.627	0.000
	截距	514.503	1	514.503	836.104	0.000
	共情组别 * 人际组别	2.919	1	2.919	4.743*	0.032
公益性	修正模型	5.504ᵃ	3	1.835	2.338	0.078
	截距	465.103	1	465.103	592.566	0.000
	共情组别 * 人际组别	0.091	1	0.091	0.116	0.734

注：* $p < 0.01$

鉴于移情与人际敏感性在特质性行为上的交互效应显著,研究者对此展开进一步分析。事后比较表明,在低共情组中,低人际敏感性少数民族大学生和高人际敏感性少数民族大学生之间存在显著性差异($F = 5.582$, $p < 0.05$)。高人际敏感性少数民族大学生的特质性行为要好于低人际敏感性少数民族大学生。在高共情组中,低人际敏感性少数民族大学生和高人际敏感性少数民族大学生之间不存在显著性差异($F = 3.871$, $p > 0.05$)。两者的交互效应如表 6.7 所示。

表 6.7 移情和人际敏感性在特质性行为的交互效应

		N	均值	标准差	F	Sig	事后比较
低共情表现	低人际敏感性	6	11.72	2.81	5.582*	0.040	高＞低
	高人际敏感性	7	14.61	1.02			
高共情表现	低人际敏感性	23	14.97	2.42	3.871	0.052	
	高人际敏感性	65	16.00	2.08			

注：* $p < 0.01$

五、研究讨论

（一）亲社会行为的特点分析

亲社会行为是发生在人际交往中的积极行为，也是个体社会化中的重要行为。本研究发现，少数民族大学的亲社会行为是一个以利他性行为为核心的层级系统。Greener(2000)的研究表明，西方青少年表现出一种个体主义倾向，更重视维护个体人际关系的亲社会行为。寇彧和赵章留（2004）的研究却表明，汉族青少年表现出集体主义倾向，更重视利他性亲社会行为和公益性亲社会行为。整体而言，本章研究的少数民族大学生与汉族青少年存在较高一致性，但在亲社会行为因子的内部排列上也存在一定差异。一方面，中国传统文化强调群体和谐，赞扬乐善好施、乐于助人和扶危济困等亲社会行为。不管是汉族大学生还是少数民族大学生，他们在以往正规的学校教育或非正规的家庭教育中所接受的正是这样一种教育，相关理念早已烙印在他们的脑海深处并外化为日常行为。反映在本研究中就是少数民族大学生的亲社会行为与汉族大学生都表现出集体主义倾向，都认可利他性行为。这表明青少年的亲社会行为是社会文化的产物。但是另一方面，青少年的亲社会行为也会表现出变异性，因为除了学校教育和家庭教育外，网络媒介和同学互动也会影响他们亲社会行为的发展（迟毓凯，2009）。反映在本研究中就是少数民族大学生的亲社会行为特征与汉族大学生并不完全一致，汉族大学生更强调公益性行为，而少数民族大学生则更强调特质性行为。这表明青少年社会行为的发展具有复杂性，是多种因素共同作用的结果。

具体而言，少数民族大学生的亲社会行为特点可概括为利他性行为＞特质性行为＞关系性行为＞公益性行为。利他性行为是青少年提名最多，原型代表性最强的行为（寇彧 等，2007）。本研究的少数民族大学生对此也表现出最高的认同度。特质性行为强调与个人积极品质相关的行为，与人格稳定性倾向类似。在本研究中，特质性行为主要指提升个人品质和修养来与人为善。少数民族大学生对此也比较认可。这表明他们已经意识到个体的人格特质在人际互动中的重要性，且该类型的亲社会行为已经在他们的大学阶段发展完成。关系型行为在本研究中主要关注同学间的人际互动，但少数民族大学生在该行为中的认可度并不高。这可能是因为到了大学阶段，青少年的同伴关系日趋稳定，"结交新朋友"或"取悦新朋友"等强调维护关系的亲社会行为变得不再那么重要。也有可能是因为少数民族大学生来到新的学习环境，虽然有结交新朋友的意愿，但却没有积极主动的行为。公益性行为在本研究中主要关注公共利益和社会公德的维护，但在少数民族大学生的亲社会行为中却处于边缘地位。这可能是因为青少年进入大学以后，他们的自我概念已经趋向成熟，会表现出较少的依从性。此外，青少年的辩证思维开始发展、道德动机开始内化，他们不但对于规范不再刻板，而且还会常常对现有规范存在挑战意识(寇彧、张庆鹏，2017)。

研究还发现，男性少数民族大学生在亲社会行为中的表现要好于女性少数民族大学生。这与 Rose & Asher(1999)等人的研究结论并不一致。这可能是因为本研究的少数民族大学生在学校生活中的人生规划取向并不一致。从研究者的观察来看，女性少数民族大学生往往对学业比较重视，未来的规划往往是考研或出国，因而她们会把生活的中心更多放在学习上，较少与他人发生关系，亲社会行为的意愿不是很充分。男性少数民族大学生则对校园活动或人际交往表现出更浓厚兴趣，更愿意与他人在学习或生活中产生交集，会表现出更多的亲社会行为。

(二)移情、人际敏感性与亲社会行为的关系分析

研究发现，移情在少数民族大学生的四种亲社会行为上存在不同预测效应。这呼应了移情利他假说的相关观点，即对他人情感和状态的深刻体验是亲社会行为发生的核心要素(Baston，1987)。认知移情在关系性行为、利他性行为和公益性行为上都存在显著的预测效应，情感移情则对特质性行为存在显著的预测性效应。这表明，认知移情与情感移情对于亲社会行为的引发存在不同作用机制。王雪颖(2021)认为，在特定情境下个体诱发的情绪状态会对其亲社会行为产生影响，个体设身处地自动化模拟他人情感的能力越强，他们做出更高水平亲社会行为的可能性就越大。在本章研究中，认知移情更强调个体在特定状态下对于他人遭遇的体验性，而关系

型行为、利他性行为和公益性行为都与具体的社会情境存在密切关联,因而他们彼此之间存在更大的因果关系。情感移情作为一种内部诱导因素,能影响由经验决定的存在于个体前意识里的自动化认知倾向(Baston,1995)。反映在本章研究中就是,情感移情能显著预测少数民族大学生的特质性行为。两者的作用机制差异呼应了 Pirta & Sabine(2013)的相关假设,即认知移情和情感移情分属于两种不同的认知加工方式。

人际敏感性只在特质性行为上存在显著的回归效应。Martin(2010)认为,高人际敏感性个体对外界负面评价存在过分恐惧和敏感的特点,在人际互动中通常会隐藏自身的真实想法和行为来顺从或取悦他人,将自身获得负面评价的可能性降为最小。本章研究发现与上述结论相一致,即少数民族大学生为了获得他人对自身积极形象的认同会表现出更多的亲社会行为倾向。研究进一步发现,移情与人际敏感性在特质性行为上的交互效应显著。在低共情组中,高人际敏感性少数民族大学生的特质性行为要好于低人际敏感性少数民族大学生。这表明,低移情、高人际敏感性和特质性行为存在更好的协同效应。根据移情利他假说,对他人情感和状态的深刻体验是亲社会行为发生的核心要素。在低移情组别中,受试的移情水平显然不能激发他们的亲社会行为。此时,人际敏感性则扮演了催化剂的角色,因为高人际敏感性个体对外界批评十分恐惧(Bell and Freeman,2014)。反映在本章研究中就是,在面对与个体特质相关的亲社会行为时,人际敏感性能诱发个体产生更高的情绪共享,为满足他人需求做出更高的亲社会行为。

六、研究结论及建议

本章研究目的在于考察移情和人际敏感性对少数民族大学生亲社会行为的影响。研究发现:

(1)少数民族大学生的亲社会行为与汉族大学生一样,都表现出集体主义的倾向,但在内部的层级排列上则表现出特殊性。他们的亲社会行为特点可概括为利他性行为>特质性行为>关系性行为>公益性行为。

(2)移情与人际敏感性对少数民族大学生的亲社会行为上存在不同的

预测效应。状态移情对于关系性行为、利他性行为和公益性行为上都存在显著的预测效应,情感移情和人际敏感性则对于特质性行为存在显著的预测性效应。同时,移情与人际敏感性在特质性行为上存在交互效应。在低共情组中,高人际敏感性少数民族大学生的特质性行为要好于低人际敏感性少数民族大学生。

本章研究的理论价值在于凸显了人际敏感性对个亲社会行为的积极影响,明晰了其与移情在少数民族大学生亲社会行为中的影响机制。研究结果不仅揭示了少数民族大学生亲社会行为的特殊性,还打破了以往研究中对于人际敏感性特质的消极刻板印象,对于少数民族大学生的心理辅导和社会适应也具有重要意义。为更好促进少数民族大学生亲社会行为的发展,研究建议:

(1)建设友善互助的校园环境。学校文化环境不仅能为大学生亲社会行为的养成提供土壤,还能有效制约和避免他们不良行为的发生。学校应以道德环境和社会舆论建设为抓手来营造友善互助的亲社会环境。一方面学校要大力宣传师生之间、同学之间团结友爱和互助和谐的氛围,在潜移默化中培养少数民族大学生的道德观念和道德行为。另一方面学校要通过舆论建设来强化校园规章制度的权威性和严肃性,要依据行为规则对所有学生的行为进行评判,褒奖亲社会行为,惩戒不良行为和侵犯行为。

(2)强化亲社会行为的干预训练。个体的亲社会行为是在他们社会化的过程中逐渐养成,因而通过教育手段对他们的亲社会行为进行积极引导有着充分理据。学校要以认知训练和人际互动为抓手进行大学生亲社会行为的干预训练。一方面,个体的社会信息加工过程会影响他们亲社会行为的施行,学校要提高少数民族大学生对于人际互动的理解能力,促进他们亲社会行为的发展。另一方面,学校要加强集体性活动的组织,培养少数民族大学生获得与他人社会交往的技能,引导他们采取合理的方法来解决人际交往中的冲突。

(3)开展自我认知的辅导和干预。个体的自我意识与自我评价与他们的亲社会行为之间存在密切关联。学校要以大学生的心理认知为切入点,通过心理辅导和心理干预为抓手开展他们亲社会行为的调适性重构。一方面,学校要加强少数民族大学生的心理辅导,通过仪式化情境来引导他们设身处地地为他人思考,提高他们的移情能力。另一方面,针对亲社会行为不良的少数民族大学生,学校宜采取单独辅导的方法,了解他们的心理特点和心理需要,本着早发现、早干预的原则,对他们的不良行为进行矫正。

第七章　心理社会发展研究[①]

一、引言

加强大学生心理健康教育是全面推进素质教育的重要内容,是培养高素质人才的重要环节,对于新时期高素质人才的培养具有重要作用(袁仁贵,2004)。自 20 世纪 90 年代起,国家就高度重视大学生的心理健康教育,强调要根据大学生的身心发展特点和教育规律,培养他们良好的心理品质,增强大学生克服困难、经受考验、承受挫折的能力(姚本先、陆璐,2007)。少数民族大学生主要来源于民族聚集地区,进入高校以后,面对来自其他省份的优秀学生和陌生环境,往往承受比一般大众更多的外在压力,具体表现为学习成效变差、自我肯定减少、对未来更为担心和迷茫等问题,进而影响他们的心理健康。国内对少数民族大学生这一特殊群体的心理健康问题虽已广泛开展,但大多属于经验式的讨论与反思,缺乏相应的实证研究。同时,少数民族大学生的心理健康问题反映在学习、生活、家庭和工作的方方面面,对于相关问题的考察不应该仅仅局限在思想教育领域,需要进一步拓展该议题的研究领域。本章以湖北省恩施地区少数民族大学生的心理社会发展为研究对象,探究他们的校园经验投入与心理社会发展之间的关系。对于相关议题的考察,一方面有助于更好地了解新媒介语境下少数民族大学生的心理健康表现,针对他们的特殊性从学校教育的角度提出有针对性的措施,另一方面将国外的相关理论与我国的国情特点和少数民族大学生的心理发展特点相结合也有利于进一步完善具有中国特

[①]　本章最早发表于《民族教育研究》2018 年第二期。

色的心理健康教育体系和方法。

二、研究理论

（一）心理社会发展理论

心理社会发展理论认为人的发展是个人内在发展与外在社会期待互动下的产物。它关注个体一生的发展，确认并区别从婴儿到老年各个阶段的重要发展议题、发展任务及解决这些议题的模式与调试方法（Rodgers，1990）。它不像其他发展理论只注重单一层面，而是包含了思想、情感和行为等方面，是对人一生发展的全面性研究。

心理发展理论包含五个主要方面，分别是发展阶段、发展危机、发展任务、最适宜的不协调及发展适应技巧（Newman and Newman，1996）。黄玉（2000）以大学生群体为例，对这五个方面的内涵做了详细说明。发展阶段是人一生中的某一个阶段，当一个人因内在生理和心理改变造成的内在危机遇上外在社会环境的期待压力时即进入一个新的发展阶段。大学生经历了青少年时期的身心改变、性意识觉醒及抽象能力的发展，开始寻求独立及过成人生活的需求，这些需求遇上外在环境期待（如上大学或期待更独立）时，就会进入新的人生阶段。发展危机则是个体发展与环境期待之间存在不协调。大学生阶段面临的主要发展危机是自我认同角色的错乱（Erikson，1968）。任务则是解决当下阶段并进入下个阶段前必须完成的各项重要发展任务。大学生需要解决生涯认定、价值观认定和亲密关系建立这三个主要任务。最适应的不协调则关注发展的改变。当大学生被挑战去面对一个新的思考与行为模式时，必须要有合适的支持环境才是适宜的挑战。挑战与支持必须平衡才能促进个人面对挑战，产生改变。若挑战太大而支持太少则个人会倒退、逃避或忽略刺激来拒绝改变。适应技巧的发展也会影响个人是否能够成功解决这些发展任务。假如大学生能学习到作决定的技巧，那么他可能更有机会成功解决生涯和价值的选择与认定。该理论的基本观点可概括如下：

（1）心理社会发展是连续而累积的，前一阶段如何解决会影响下一阶段解决的能力。

（2）心理社会发展包含一连串横跨一生中的各种不同发展议题。

（3）心理社会发展是有次序性及阶段性的。

（4）心理社会发展主要反映在发展任务上。

（5）心理社会发展阶段主要关心的是发展任务的内涵。

在诸多心理社会发展的理论中，Chickering（1993）的理论最为学界所关注且实证研究也最多（Evans et al.，1998）。首先，该理论的研究对象比较明确，主要关注 18—23 岁的青年群体在大学生活中的心理社会发展。其次，该理论使用向度（vector）来替代阶段（stage），因为向度比阶段更含有方向的意义，反映的并不是一条直线式而是呈螺旋式发展。最后，该理论将大学生的心理社会发展任务解构成七个发展维度，包含能力感发展、情绪处理发展、自主到互赖的发展、成熟人际关系的发展、自我认同发展、目标设定发展和整合感发展。每个维度的主要内涵简要说明如下：

（1）能力感的发展。大学生需要发展三种能力，分别是智能、运动操作技能和人际关系能力。智能包括一般智识、批判思考以及心智能力的增加。运动操作技能指透过运动及艺术活动的参与增进自己的操作能力、弹力、体力、耐力及健康。人际关系能力指能与人有效沟通、领导、被领导、合作及从事团体工作的能力。

（2）情绪处理发展。大学生需要两种情绪处理能力，分别是情绪知觉能力和情绪表达能力。情绪知觉指个人能知觉并接受自己的正向和负向情绪，情绪表达指个人能平衡、控制且适当地表达自己的情绪，把情绪导向建设性行为，并能更弹性、自由地接受有意义的经验。

（3）自主到互赖的发展。自主到互赖的发展包含情绪性独立、工具性独立和体认互赖重要性三方面内涵。情绪性独立指大学生不再过度需求别人的肯定、赞许而具备情绪的独立。工具性独立指大学生能按照自己的意愿独立处理自己的身边问题且能自由尝试新事物和新环境。体认互赖重要性指大学生能了解个体与别人是互赖关系，能接受别人及团体的帮助、也愿意贡献和付出给别人和团体。

（4）成熟人际关系的发展。大学生的成熟人际关系包含两个方面，分别是容忍与尊重能力的增加和亲密关系的提升。容忍与尊重能力指大学生对不同文化及人际关系的容忍,能接受、尊重并欣赏别人的不同。亲密关系指大学生需要与自己亲密的人建立互惠、平衡与尊重的持久关系。

(5) 自我认同发展。大学生的自我认同包含三方面内容,分别是对自己身体外表的概念、性别角色的澄清和自尊。自身身体外表的概念指大学生能愉悦自己的外观。性别角色的澄清指大学生愉悦自己的性别及性倾向,有清晰的自我概念并愉悦自己的角色与生活方式。自尊则是指大学生能自我接纳、确认自己文化和社会传承,能从外界的反馈中更清楚了解自己。

(6) 目标发展。大学生的目标发展必须整合个人兴趣、职业计划以及个人和家庭的承诺,定下未来行动计划以及各种未来生活目标的优先顺序。具体而言,大学生的目标发展能力包含三方面内容:能澄清自己的职业目标,制定好计划;能依据个人兴趣爱好列出优先顺序;能做出初步个人未来生活方式的选择。

(7) 整合的发展。大学生的整合发展包含三个连续但重叠的阶段,分别是价值人性化、价值个人化和一致性发展。价值人性化指大学生需要从盲从和不负责任的价值信念走向能同时考虑个人利益与人类福祉的思考原则。价值个人化指大学生既要肯定自己的价值信念,也要尊重别人的观点。一致性发展则是指大学生需要以负责的态度,按照自己的价值信念在日常生活中表里如一、言行一致地去施为。

自该理论提出后,学者们对其适切性进行了大量研究,美国、印度和中国台湾地区的相关研究表明该理论基本符合大学生心理社会的发展现实(Gupta and Tripathy,2015;萧佳纯　等,2012)。

(二) 校园经验投入与心理社会发展

大学生心理社会的发展受到诸多因素影响,其中与校园经验投入的关系最为密切(黄玉,2000)。校园经验往往被理解成学生在学生生活中的各个面向,大致包括学校目标、学校规模、师生关系、学习经验、教学规定、同学互助与学生社团等(张如慧,2001)。Tinto(1993)将大学生的校园经验分解成学术经验与人际经验。前者主要关心大学生的正式教育,它的活动主要发生在学校的教室与实验室,并包含不同的以学生教育为主要责任的教职员。后者则集中在日常生活中与学校不同成员间的互动,它主要发生在大学正式教学范围之外。投入是学生在相关活动中付出的生理和心理两方面的总能量。高度投入的学生,是在读书上投入高度能量、留在校园较多的时间、主动参与学生组织并常与教师及其他同学互动。Astin(1984)认为,学生的学习投入有五个特点:

(1) 投入是指对不同目标在身体与心理能量的投入,此目标可能是很广泛的(如学生主观经验),或是非常具体的(如准备学科考试)。

(2) 投入的过程是连续的,不同学生对某一目标的投入经验不同,且同一学生对不同目标,或在不同时间投入的程度可能都不同。

(3) 投入包含量与质两个面向,既可以通过量的方式测量(如学习时间),也可以通过质的方式测量(如学习中是否有意义思考)。

(4) 学生在某教育方案的学习与发展程度,与其在量与质两方面投入该方案的程度直接相关。

(5) 一个教育政策或务实的工作效能,与其是否增进学生投入的能力有关。

学生的校园经验投入是提升大学教育品质的最主要因素,而参加校园组织活动以及与老师同学之间的互动,对于大学生的学习有相当大的助益(Hurtado,1992)。少数民族大学生在面对外在环境和人际交往模式出现较大改变时,他们对大学校园中的经验感知会与多数族群表现出明显不同。相关研究指出,少数民族大学生在适应不同文化、较高课程要求以及与社会疏离的学术环境时,会感受到教师、行政人员与同学的歧视,且有较多的不满与孤立,而多数族群学生对于学习课程与自我概念则普遍有较高的感知,也愿意投入课内和课外的相关活动(Martin,2000)。还有研究表明,少数民族大学生经过大学阶段的学习会对他们的族群身份产生抗拒的心理,进而影响他们的自我认同(刘晓华、刘晓鹰,2016)。

从以往研究来看,少数民族大学生的心理健康问题是研究的热点,但对于校园经验投入与他们心理社会发展之间存在何种关联则没有引起足够的关注,更缺乏本土化的实证考察。有鉴于此,本章研究尝试借鉴 Chickering

(1993)所提出的"心理社会发展理论",调查湖北恩施地区少数民族大学生的心理健康问题,进而探讨校园经验投入对于他们心理社会发展的影响。研究问题如下:

（1）少数民族大学生的心理社会发展表现如何?

（2）少数民族大学生的校园经验投入对他们心理社会的发展存在何种影响?

三、研究设计

（一）研究对象

本章研究采取随机整群抽样方法,调查对象为湖北恩施地区某民族院校大一和大二年级中若干班级的少数民族大学生。问卷的收集采取纸质问卷,由研究者于 2017 年 3 月份请专人收集相关数据。调查过程中,实际发放问卷 200 份,回收问卷 155 份,问卷有效率为 77.5%。在调查有效样本中,男性 76 名,女性 79 名。

（二）研究工具

本章研究的相关调查工具分别改编自台湾学者李伯超（1998）研发的"大学生心理社会发展需求评估量表"和刘若兰、黄玉（2005）设计的"台湾原住民校园经验投入评估量表"。结合本研究实际,研究者对该量表的某些文字表述进行适当改编,然后经过教育研究领域两位资深教授的审议和小范围的施测后,心理社会发展最终版本的问卷共包含 7 大类 14 个题项,测量少数民族大学生在能力感发展和情绪处理发展等 7 个方面的心理健康问题,而校园经验投入问卷则包含 4 大类 12 个题项,测量少数民族大学生在大学生活中的本族群互动、异族群互动、人际投入和学术投入等校园经验投入。相关问卷见附录 6。

整个测量工具使用李克特五分量表,受试根据其对每个命题的认可程度,在 1 至 5 的语义区间选择一个具体数值,5 表示完全符合,1 表示完全不符合,他们在每个类别上的整体得分即为心理社会发展和校园经验投入行为的表现。最终根据回收问卷的相关数据计算出心理社会发展问卷的

Cronbach's α系数为 0.901,校园经验投入问卷的 Cronbach's α系数为 0.900,说明两份问卷可靠性较高,内部一致性较好,可用于后续分析。

（三）数据统计

相关数据的处理和分析主要使用 SPSS 19.0 进行,所涉及的统计方法主要有描述性分析、因子分析、相关分析和回归分析。具体说明如下:

（1）通过描述性分析对心理社会发展和校园经验投入各维度的平均值和标准差进行描写。

（2）通过因子分析探究心理社会发展的潜在维度。

（3）通过相关分析探究心理社会发展与校园经验投入各维度之间的关系。

（4）通过回归分析探究校园经验投入各维度与心理社会发展之间的潜在预测效应。

因变量:（1）人生规划发展;（2）心理调适发展;（3）人际交往发展。

自变量:（1）本族群互动;（2）异族群互动;（3）人际投入;（4）学术投入。

四、研究结果

（一）心理社会发展现状

对少数民族大学生心理社会发展的相关表现进行描述性统计,所有受试共可得到 8 个分值,包含心理社会发展的整体表现和 7 个发展向度。相关描述性数据见表7.1。

表 7.1 心理社会发展的描述性数据

	平均值	标准差	最小值	最大值
情绪处理	4.34	0.713	1	5
能力感	4.34	0.671	1	5
整合感	4.28	0.652	1	5

	平均值	标准差	最小值	最大值
自我认同	4.02	0.711	1	5
自主到互赖	3.93	0.673	1	5
目标设定发展	3.85	0.802	1	5
成熟人际关系	2.63	0.849	1	4
心理社会整体发展	3.91	0.479	2.14	4.67

从整体表现来看,少数民族大学生的心理社会发展表现较好,均值为 M=3.91,且内部差异不明显,标准差为 SD=0.479。同时,他们在 7 个发展向度上的表现也较好,除却成熟人际关系发展(M=2.63)之外,其他六个向度上的表现都超过了临界值 3。表现最好的是情绪处理(M=4.34)和能力感(M=4.34),其次为整合感(M=4.28)和自我认同(M=4.02),较次之为自主到互赖(M=3.93)和目标设定发展(M=3.85)。从标准差来看,7 个次级发展向度的相关数值大致在 0.652—0.849 之间,表明他们在心理社会发展七个向度上的内部同质性较高。

由于心理社会发展指标较多且彼此间存在相互关联,研究者通过因子分析的方法将反映心理社会发展的指标归纳为少数几个彼此独立的因子,以便简化后续的分析。在已有的文献中,也未曾见到针对中国语境下少数民族大学生心理社会发展问卷的跨文化检验,因而研究者对此进行探索性因子检验。首先考察 KMO 值和 Bartlet 检验,发现:KMO=0.819,表明本数充足,$p<0.001$,表明相关系数矩阵不是单位阵,因而相关数据适合采取因子分析模型。通过主成分分析法,利用方差最大正交旋转,使提取的每个因子具有最大的高载荷,最后共提取出 3 个独立因子,方差累计贡献率达到 59.903%。从旋转后的因子载荷矩阵可以看出,因子 1 覆盖的变量主要有"我更加意识到人际关系的重要性""我对未来人生规划有清晰认识""我知道如何通过大学学习实现人生目标"和"我正行走在自己人生的争取道路

上"等。这些变量都关注学习者对于未来人生的规划,可以命名为"人生目标发展"。因子2覆盖的变量主要有"我看事看人的想法更成熟","我会更加注意控制自己情绪","我会更加注意与他人沟通的方式"和"我会不断调整自己以适应新生活"等。这些变量都关注学习者对于自身在成长过程中的心理情绪,因而可以命名为"心理调适发展"。因子3覆盖的变量主要有"我更倾向于自己解决学习中的困难""我经常帮助其他学习生活有困难的学生""我会尝试和不喜欢的同学交朋友"和"我会经常想念家人和家乡"等。这些变量都关注学习者在校园中学习和生活技能的发展,可以命名为"人际交往发展"。

（二）校园经验投入对心理社会发展的影响

就校园经验投入而言,受试在四个分项上的表现都超过了临界值3,这表明他们的校园经验投入整体良好。从均值来看,他们在异族群互动上的表现最好（M＝3.71）,本族群互动次之（M＝3.65）,其次为学术投入（M＝3.44）和人际投入（M＝3.11）。从标准差来看,受试在校园经验投入的四项表现上都比较接近,大致在0.6—0.8的区间波动,这表明他们内部的差异不是很明显,在校园经验的投入上表现出一致性。为解校园经验与心理社会发展之间的关系,研究者将校园经验投入各分项表现与心理社会发展的3个因子进行相关分析。皮尔逊双尾检验显示,人生目标发展与异族群互动、人际投入之间存在中度相关（$r_{人生目标发展—异族群互动}=0.306, p<0.01$; $r_{人生目标发展—人际投入}=0.314, p<0.01$）。人际交往发展与人际投入、学术投入之间存在中度相关（$r_{人际交往发展—人际投入}=0.446, p<0.01$; $r_{人际交往发展—学术投入}=0.442, p<0.01$）,与本族群互动、异族群互动之间存在弱相关（$r_{人际交往发展—本族群互动}=0.229, p>0.01$; $r_{人际交往发展—异族群互动}=0.281, p>0.01$）。心理调适发展在校园经验投入的四个分项上则不存在相关性。

为进一步确认校园经验投入对心理社会发展的影响,研究者以校园经验投入的四个因子为自变量,以心理社会发展的三个因子为因变量,进行多元线性回归,以检验校园经验投入的四个因子对心理社会发展三个因子的单独影响和贡献程度。回归结果显示,校园经验投入四个因子与人生规划发展的模型决定系数为 $R^2=0.175$，方差检验值 $F=7.970$，$sig.<0.001$，因而该模型具有统计意义，即校园经验投入四个因子对人生规划发展具有一定的预测作用，但拟合优度较弱，只解释 17.5% 的变异。其中，人际投入的影响最大（$Beta=0.294$），异族群互动次之（$Beta=0.247$）。校园经验投入四个因子与心理调适发展的模型决定系数为 $R^2=0.031$，方差检验值 $F=1.213$，$sig.=0.308>0.001$，因而该模型不具有统计意义，即校园经验投入四个因子对心理调适发展不具有预测作用。同时，校园经验投入四个因子与人际交往发展的模型也具有统计学意义，$R^2=0.325$，方差检验值 $F=19.538$，$sig.<0.001$。相比较而言，该回归模型更具有预测性，因为校园经验投入的四个因子可以解释人际交往发展 32.5% 的变异。在该模型中，学术投入影响最大（$Beta=0.342$），次之为人际投入（$Beta=0.297$），最小为异族群互动（$Beta=0.190$）。相关回归系数见表 7.2（限于文章篇幅，省略心理调适发展回归数据）。

表 7.2　校园经验投入对心理社会发展的回归分析

因变量	解释变量	B	Std. Error	Beta	t	Sig
（常量）		2.993	0.321		9.310	0.000
人生规划发展	本族群互动	−0.021	0.021	−0.083	−1.030	0.305
	异族群互动	0.074	0.023	0.247	3.191	0.002*
	人际投入	0.081	0.022	0.294	3.679	0.000*
	学术投入	−0.021	0.017	−0.101	−1.222	0.224
（常量）		1.217	0.277		4.387	0.000*
人际交往发展	本族群互动	0.006	0.018	0.023	0.323	0.747
	异族群互动	0.055	0.020	0.190	2.755	0.007*
	人际投入	0.079	0.019	0.297	4.163	0.000*
	学术投入	0.070	0.015	0.342	4.630	0.000*

注：* $p<0.05$

五、研究讨论

（一）心理社会发展的分析与讨论

本章研究结果表明，少数民族大学生的心理社会发展整体良好，处于中等以上水平，但心理社会发展的七个向度之间存在发展不均衡的现状。Chickering(1993)虽然认为心理社会发展的七个向度之间存在先后关系，但他也承认这种先后关系不是直线的。就本研究的少数民族大学生而言，他们已经具备了情绪处理的能力，会注意自己在人际交往中的沟通方式和自我情绪控制。同时，他们也开始觉察人际交往中的自我能力感，在思考个人的利益同时也会思考他者的利益。值得一提的是，以往针对多数族群的研究表明，学习者的自我认同意识会比较淡薄，缺乏对多元文化的尊重和容忍（徐晓风、张博，2015）。但本章研究的少数民族大学生却形成了相对稳定的族群身份认同，表现为他们一方面认可自己的少数民族身份，会通过与本族群成员的互动来产生依附关系，另一方面也会通过不断调整自己的心理状态和行为表现来适应新的生活。但是，他们在人际交往中的表现则不尽如人意，具体表现为不具备按照自己独立意愿来处理学校生活事物的能力，会对家长及老师表现出依赖性。这可能与本研究受试群体为大一大二学生有关，因为他们本身就处于新环境的适应过程之中。这提醒学校行政部门在日常生活中要针对少数民族大学新生的人际交往现状进行管理、指导与调节。

在此基础上，研究者通过因子分析，提取出了"人生规划发展""心理调适发展"和"人际交往发展"三个因子。这三个因子后续可以作为制定少数民族大学生心理社会发展评估指标的基础。相较于其他标准，本章研究提炼的 3 个因子时代性更强，针对性更明确，也与少数民族大学生的生活环境和成长阶段更为一致。

（二）校园经验投入对心理社会发展的影响

本章研究结果表明，少数民族大学生的校园经验投入与心理社会发展之间存在一定的正向关系，这与以往有关多数族群的研究结论相一致。这表明,少数民族大学生心理社会的发展不只在于学校教育机会和教育环境的提供,更重要的是他们在校园生活中的参与意愿和实际行动。具体而言,本章研究的受试在此议题上表现出如下特点：首先,异族群互动与人际投入在人生规划发展和人际交往发展上具有很好的预测作用。这表明,当他们在参与课业活动和业余生活中与老师及同学建立了满意的人际关系时能明显促进他们心理社会的健康发展。其次,学术投入只在人际交往发展上存在显著影响,对于人生规划发展则不具备影响。一般而言,大学以专业教育为根本,而学生的学术投入则是他们未来职业发展的根基(时伟,2012)。但是,本章研究的受试主要来自大学低年级,他们更多接受的是通识教育而非专业教育,因而在日常大学生活中,他们会花费更多时间在文化、体育和娱乐等人际活动上,欠缺专业学习与人生规划发展等方面的意识。同时,目前大学通识教育课程更强调不同学习群体间的合作学习,这也为他们提供了更多人际交往发展的可能。这表明,当学习者在学习过程中表现出浓厚的参与意愿并付出实际行动时,就越能促进他们人际交往心理意识的发展。最后,本族群互动在人生规划发展和人际交往发展上都不具有显著影响。这与以往有关强势族群的研究结论并不一样,可能与本章研究少数民族大学生的特殊身份有关。族群认同的建构主义视角认为,认同感来自个人对自己的理解与描述,认同主体的建构历程与个人过去生命经验以及社会文化历史脉络有关(Cornell,2007)。就本章研究而言,少数民族大学生的心理社会发展良好,在以往学习生活中已经发展出了整合的双向族群认同。他们一方面从现实的效益来看待自己与异族群的互动,另一方面也会从家庭内部的原生性情感联系来看待对自我族群的情感依附。心理社会发展的人生规划意识和人际交往意识更多强调的是在大学生活中通过与异族群互动来获取学术、经济或情感上的利益,因而自然与本族群互动关联性不强。

六、研究结论及建议

本章研究目的在于探究少数民族大学生的校园经验投入对他们心理社会发展的影响,得出如下结论：① 少数民族大学生的心理社会发展良好,但也存在发展不均衡的问题。对少数民族大学生心理社会发展的七个向度进行跨文化因子探索,共提取出了"人生规划发展""心理调适发展"和"人际交往发展"三个因子。② 校园经验投入与心理社会发展存在正向关系。异族群互动、学术投入和人际投入在"人生规划发展"和"人际交往发展"上存在不同程度的预测作用。教育作为一种文化资本和人力资本,应该使每个受教育的个体都能凭着自身的努力获取教育成就,并取得应有的社会地位,而不应该受到性别或民族因素的影响而有所差别(黄昭动、林雅芸,2009)。为促进少数民族大学生心理社会和专业素养的协同发展,需要在科学理论的指导下结合少数民族大学生的实际情况,构建有效的心理发展干预体制。

（一）形成少数民族大学生早期心理社会危机的预警机制

民族高校的心理健康教育中心要根据自身学校和少数民族生源特点,建构一套有检测功能的评价指标体系,在新生入学之初就要对他们心理社会各个方面的基本数据进行收集。通过对少数民族大学生心理健康的普查和筛查,高校要建立和完善网络化的学业表现和心理社会档案,根据心理测验和职业测评的结果,建立本校大学生心理危机预警信息库。同时,各个高校要建立以学院为中心的学校、学院和班级三级心理危机预警监控体系。学院层面要成立由书记、辅导员、班主任和各班心理委员组成的学生工作小组,通过多种渠道获取相关信息,例如心理委员和班主任反馈的学生异常行为和异常情况,教学部门反馈的异常学生学习情况,心理健康中心反馈的学生心理档案和心理记录等。针对所获取的信息,由辅导员牵头对预警学生的学习行为表现、心理危机表现和社会支持系统进行评估,开展一对一的有针对性的指导。预警机制建立的目的在于早期发现少数民族大学生的心理危机,避免他们在以后的校园生活中形成严重的心理障碍。通过现代网络技术的使用,完善学校、学院和班级的多渠道互动,可以使学生管理部门在最短时间内对学业障碍和心理社会障碍学生提供有针对性的帮助。

（二）促进少数民族大学生校园经验投入方案的实施

各高校要针对新入学少数民族大学生的特点,有策略地制定校园经验投入方案,让学生了解到主动投入对他们学习发展和心理社会发展的重要性。学校的政策、过程和态度必须反映学生的重要性,使他们感知到在大学校园中自己不是一个边缘人。首先,学校所有成员包括行政人员、教师和学生应该一起致力于共同体的建立,创造让学生觉得自己是校园共同体一部分的校园氛围。只有这样才能使学生主动去接受环境、融入学校的生活与学习,实现个人成长与学习目标的协同成长。如果学校有清楚且具体的学校目标并具有较强的影响力,就能够引导学生建立有意义的校园生活并获得满意的大学经验(Gossett et al.,1998)。其次,教师在课堂教学当中要有意识地让学生感知教师的亲和力,要通过主动与学生互动、及时反馈、高度期望、注重差异性等方式培养学生的学生兴趣。教师也可以引领学生参与课程建设和科学研究,培养他们服务学习和合作学习的能力。最后,针对少数民族大学生人际交往意识的问题,学院要规划促进师生互动的方案,要鼓励学生在不同情境下与教师互动,帮助学生对课堂以外的校园生活产生兴趣,提高他们人际交往的敏感度。学院辅导员还要评估少数民族大学生人际交往的需求目标,通过面谈、讲座等机会协助他们学习表达和处理人际互动,建立肯定自己的价值信念并学会尊重他人,发展出自身价值及行为的一致性。良好的学术氛围与育人环境,可以促进少数民族大学生的心理社会不断完善,使他们得以健康成长与发展。

(三)加强少数民族大学生多元文化校园氛围的建设

高校校园文化建设是学校和谐发展的重点载体,它将学校的教学、管理、生活、社团等活动有机结合起来,是实现高校精神文明建设和高素质人才培养的重要途径(石丽敏,2010)。校园文化对于提高少数民族大学生心理社会发展起到重要的作用,因为它承载了少数民族大学生的人格追求和道德追求。针对民族院校大学生族群成分复杂这一现象,各高校要加强学校的精神文化建设和制度文化建设,努力创建符合学生期望的多元文化校园氛围。首先,学校要强化学生社团的功能,通过少数民族大学生学生社团的凝聚力,提供他们应对大学生活困境的支持系统,帮助他们更好地了解自己本民族文化,从而产生积极的身份认同。其次,学校管理部门还要定期举办有关校园适应的学术讲座,帮助少数民族大学生识别心理危机的表现,熟悉学校的支持系统,掌握应对心理危机的方法。最后,学生管理部门还要定期搭建不同民族文化的展示平台,鼓励学生投入相关活动,透过不同文化的体验活动增进不同背景少数民族大学生的相互了解,培养他们对于多元文化的理解力和包容力,在有意义的人际互动中完成自我接纳的过程并实现人格系统的稳定发展和统整。在校园多元文化建设过程中,教师和行政人员需要提供发展性的策略和服务,学校可举办有关民族议题的内部研讨会,帮助教师和行政管理人员提升对于少数民族大学生学业问题和心理危机问题的敏感度意识和处理能力,帮助少数民族大学生的心理社会向正向的向度发展。

第八章 双向文化认同研究

一、引言

文化认同问题一直是社会心理学研究关注的重要议题。从身心发展的阶段来看,青少年正处于由家庭走向社会,发展自我观念及社会态度的关键时期。青少年在与文化环境的互动过程中,逐渐对族群概念以及文化规范产生深刻体认,并建立自身独有的价值信念。对少数民族大学生来说,他们在大学学习生活中的首要任务就是树立正确的文化认同观念,学会辩证地看待本民族文化和主流文化。一方面,民族文化认同的不足会影响本民族优秀文化的顺利传承,削弱自身文化的生命力;另一方面,对民族文化的过度推崇和盲目认同,容易导致本民族文化的故步自封,阻碍多元文化间的正常交流,不利于本民族与主流文化的交融(李虹、侯春娜,2012)。习近平同志深刻指出:"文化认同是最深层次的认同,是民族团结之根、民族和睦之魂。文化认同问题解决了,对伟大祖国、对中华民族、对中国特色社会主义道路的认同才能巩固。"这要求少数民族大学生在处理本民族文化和主流文化的过程中,要坚持在继承中转化、在学习中超越、在交流中发扬,推动中华民族共同体建设的新气象。本章主要从社会语言学角度出发,以少数民族的双向文化认同为研究对象,探究他们的语言态度与双向文化认同之间的关系。研究结果有助于加深对少数民族大学生双向文化认同的认识,并从校园语言规划角度对他们双向文化认同的建构提供有针对性建议。

二、研究理论

（一）双向文化认同

文化认同是一个文化群体成员对其自身文化归属的认同感，其特征由一种文化群体成员的所言、所行、所思和所感表现出来（刘双，2000）。文化认同与族群认同（ethnic identity）的意义很相近，两者同样是同化与内化的心理过程，强调将价值、标准与社会角色内化于个人的行为与自我概念中（陈枝烈，1998）。文化是区别不同族群的重要因素，文化的取向影响了个人对族群的态度，而族群态度则决定了文化的价值观。不过，文化认同与族群认同两者的认同基准并不同。前者是以文化象征或语言、风俗习惯、仪式等作为认同基础，后者则是以民族或种族作为认同依据（吴琼洳，2009）。

社会认同理论认为，人天生具有分类的需要，并倾向于将自己划分到某一群体当中，以便与他人区别开来，从而用这种群体成员资格来建构身份，获得自尊，提高安全感，满足归属感和个性发展需要（Tajfel，1992）。个体一旦获得某个族群的群体成员身份，就会自觉地将内群体与外群体进行比较，并产生对内群体文化的积极评价，形成文化认同。群体的文化认同具有客观现实性：如果一个人所在群体获得的社会评价较高时，就会对该群体产生积极认同，从而获得自尊；如果群体的社会地位较低时，个体在条件允许的情况下会试图脱离该群体；如果条件不允许时，个体会试图为群体获得积极的独特品质，从而提高自尊，或者对群体产生更为强烈的忠诚，为其呐喊和奋斗。文化认同包含三个要素：

（1）文化投入：了解本族群文化的文化背景、文化概念与历史知识，并展现对该文化认知的热忱以及投入该文化的学习参与程度。

（2）文化归属：对本族群文化的依附归属，共荣共减，不可分割的整体情感。

（3）文化统合：以开放态度体认本族群文化与主流文化的差异，进而肯定自己的所属文化，也更愿意参与主流文化，对双重文化更能调适。

从个人而言，文化认同影响个人的思考模式及行为，当个人认同所属的族群文化后,才会产生休戚与共的情感,以身为族群的一分子为荣,进而对这个团体产生爱和信任,并与族群成员紧密结合,为群体奉献心力,积极参与族群活动;从社会的角度而言,个人对族群文化的认同感,除了能提供成员内聚的基础外,也将彼此融入社会关系的网络中,借着这份共存共荣的认知和情感,族群成员得以互相信任与支持,发挥最大的群体力量,以维系族群在整个社会体系中的地位。文化认同虽具备个人及社会的功能与重要性,但对于一些弱势族群而言,由于他们置身在两种不同的文化中,因此他们的文化认同问题就显得较为复杂与两难。

早期的文化认同研究大多基于文化认同是一种静态稳定现象的假设,探讨单一文化认同对人们行为及心理的影响。随后兴起的"自我归类理论"和"最佳特质理论"等则跳脱了内、外群体对立的二元结构框架,更强调认同的复杂性和多元性,认为要在坚持群体结构对立的基础上,更为细致地关注个体的认同内隐过程以及与群体身份相关的心理机制(高一虹 等,2008)。在现今科技发达和交通便捷的社会环境中,人们普遍都能接受到异质的不同文化,从而导致心理认同发生变化。Hong(2000)指出,人们的文化认同不是单一的,而是会根据其所处文化系统背景的不同,展现合乎文化规范的合适行为。换言之,个体在不同文化系统环境中移动时,为了回应不同文化系统的信息,会形成多重的文化释义系统。早期学者主要从文化同化角度来看待两种文化在接触中的认同现象。该理论主要以移民群体为研究对象,发现移民群体在进入新的文化环境中时,他们的母国文化和移民国文化之间处于"零和"(zero-sum)关系中,最终母国文化会被移民国文化替代。Birman(1998)的研究就发现,在美国的中美洲移民者会随着移民时间增长而增加其对美国文化的认同,降低对母国文化的认同情感,故母国与移民国文化认同间的关系是负向的。但 Berry(1980)则指出,文化同化(assimilation)只是文化适应(acculturation)过程所产生的一种可能结果,而非唯一、必然结果。Felix-Ortiz et al.(1994)研究拉丁美洲裔移民者发现,移民时间的增长会增加其对美国文化的认同,但却不会降低对母国文化(拉丁文化)的认同。一般而言,个体在两种不同文化的适应过程,除极端的文化同化外,在许多情境下,通常会同时拥有两个文化认同对象,形成双文化认同(陈淑贞

2009)。

在众多双文化认同研究中,Berry(2005)的"双向文化认同理论"最为学界所熟知。该理论认为,两种文化之间的关系并非是同一直线的两端,弱势族群成员可能同时具有坚定的本族群文化与主流文化认同。因此,Berry区分了四种文化认同型态:

（1）整合型：高认同本族群文化及高认同主流文化。

（2）同化型：低认同我族文化及高认同主流文化。

（3）隔离型：高认同本族群文化及低认同主流文化。

（4）边缘型：低认同本族群文化及低认同主流文化。

本章主要采取该理论框架来对少数民族大学生的双向文化认同展开研究,探讨他们在双向文化认同上的普遍性特点。

（二）语言与文化认同

语言在文化认同中的地位和作用已经得到学界的普遍认可(高一虹等,2008)。在早期的社会语言学研究中,语言与认同并非经常以明确的概念形式出现,但却都隐含了某种语言的认同观。例如客观结构主义就认为既定的社会群体身份决定了个体的语言使用特征,认同就是个体在既定社会结构影响下"去个人化"的过程。Labov(1996)试图在语音特征与社会阶层、年龄等社会变量之间建立一一对应的联系。Lantoff(2000)则尝试揭示男女因社会地位不同而导致的语言使用差异,强调社会结构对语言特征的影响。Halliday(2002)的社会符号论也十分强调社会意识形态对语言使用的影响,认为语言使用就是对意识形态的实现。但客观结构主义过度强调社会结构的制约性,忽视了个体的主体作用,受到了后期交际适应主义的批判。交际适应主义认为,个体通过调整语言风格,包括发音、语速和信息内容,向他人传递自己的价值观、态度与意向。当个体的言语风格向听话者靠拢时表现为认同的趋同,与听话者的言语风格偏离时则表现为认同的趋异。Bell(1984)进一步展开论述,认为个体主动设计了自身的言语风格,他们在交际中表现出来的适应行为、适应程度和未适应行为都是说话人自身文化认同的一部分。总体上来说,交际适应主义在语言与认同研究中的视角还是结构的,因为它依旧区分了族群内和族群外两个范畴。但它又不是客观结构主义那种机械的观点,认为语言与认同之间存在一一对应的关系,反而更强调依条件变化而导致的差异,带有一些建构主义色彩。

在新的社会历史时期,各民族传统文化流失速度加快,激发了人们对以语言为基础的非物质文化的高度关注,语言在文化认同中的重要性进一步凸显出来。语言在文化认同中的特殊地位和作用来源于语言的特有属性,其价值体现在两个方面: ① 语言与其他民族社会文化要素不同,它最为稳定,又是一个与民族自身关系密切但又具备独立发展规律的系统。② 语言系统维系着民族内部的社会交际,承载着民族文化的继承和发展,又以民族文化凝聚体的性质成为民族文化的重要标志。从民族的外部观照来看,民族四要素对于特定历史发展阶段的民族来说是一个较为完整的界定。但由于民族社会的发展,四要素中的"共同地域"和"共同经济生活"两项已经不是界定特定民族的基本要素,"共同语言"和"表现于共同文化上的共同心理素质"却仍是民族识别的两个重要要素。实际上,"共同语言"和"表现于共同文化上的共同心理素质"之间本身就存在相关性,因为共同文化上的共同心理素质很多时候也需要通过语言才得以实现。

王峰(2010)从语言的历史属性、文化属性和社会属性三个方面进一步展开了详细论述:

(1) 语言的历史属性与文化认同。与各民族创造的各种文化成果相比,语言有着非常突出的历史性。首先,语言的发展历史与民族的起源和发展密切相关。语言作为特定族群的交际工具,语言系属问题实际上也可以理解为现代民族是从哪一个原始族群分化出来以及如何发展的问题。同时,语言是民族历史的稳定积淀。从时间上来看,不论是一个民族如何从古代民族发展到现代民族,其语言也从古代发展到现代,尽管语言面貌可能发生了很大变化,但它仍然是这个民族自己的语言。从空间上来说,一个民族也许会迁徙到数千公里外,但他们的语言不会因此变成另外一种语言,其语言的核心结构,例如基础词汇和语言形态等依旧十分稳定。从语言的一致性来认识文化来源的同一性,是文化认同最重要的基础。

(2) 语言的文化属性与文化认同。语言具有强烈的文化属性,这一属性使其成为民族文化的重要成果和标志,成为民族文化认同的重要形式。首先,语言是一个民族认知世界和进行文化创造的重要条件。语言通过给每一个事物和现象命名,用语言构造了一个概念的世界。这一概念世界构成了一个民族最重要的文化环境,直接塑造了民族的文化心理和认知模式。其次,语言是一个民族传承民族文化的重要载体。一切文化活动和文化创造都需要通过语言或以语言为基础的思维能力进行。很多民族还在有声语言的基础上,进一步发展出书写系统来传承文化,使文化成果更加系统和精密,流传久远。最后,语言本身就是最重要的民族文化成果,是民族文化作为全面的反映形式。一个民族的所有文化积累都保存在语言中,语言是民族文化创造的集大成系统。语言与民族文化的共生关系,使它自然地成为一个民族的文化标志。

(3) 语言的社会属性与文化认同。语言不仅是社会交际的工具,更是社会认同的重要标志。首先,语言是塑造自我认同的重要途径。语言可以通过自我认知,将个人塑造成具有某种语言特征的个体并将其归属于某个语言群体,从而与其他语言群体区分开来。其次,语言构成民族成员身份的内在标志。如果说个体认知是个人对集体和民族的归属,那么民族身份的获得,则需要个人融入该集团或民族的某些资格。在同一民族内部,个人可以与其他成员分享相同或相似的价值观和行为准则,并能够从群体生活中获得相应的尊重和利益。语言的社会属性在民族内部塑造了一种隐性的道德要求,规范和修正个体的语言观念和语言交际行为,是语言在文化认同中较为外显的表现形式。

当前,社会各界已经意识到语言在民族文化保存和民族文化发展中的作用,积极开展语言保护以及它所承载的非物质文化遗产工作。但单纯保护性的语言政策只是一种外部的推动,而将其视为文化遗产,更像是一种后期挽救。更有效的途径或许是从文化认同角度,将语言定义为阐述民族传统文化和文化认同的重要工具,以此来唤起民族内部语言复兴和文化自信的发展动力(王锋,2010)。语言心理在具体的民族社会生活中,表现为一定的语言观念和语言态度。总体上来说,语言观念与文化认同是一致的,即当个体的母语心理认可度越高,他们对于本民族的文化就越认同。但在特定社会历史时期,两者并不一定完全吻合。语言态度是语言观念的重要组成部分,以语言态度为切入点,可以很好揭示语言观念与文化认同之间的潜在关系。同时,绝大多数少数民族大学生都是双语人,在探究他们的双向文化认同时,除了分析他们对于母语的语言态度外,也有必要将他们的汉语语言态度也纳入考量。本章的另一目的在于探索少数民族大学生的双语态度与他们双向文化认同之间的关系。

综上所述,本章研究的主要问题如下:

(1)少数民族大学生对汉语和母语的语言态度存在何种区别?

(2)少数民族大学生的双向文化认同表现出何种特征?

(3)少数民族大学生的双语态度与他们的双向族群认同之间存在何种关系?

三、研究设计

(一)研究对象

本章研究采取随机整群抽样的方法,选取了在浙江省两所综合性大学就读的少数民族大学生。从籍贯来看,主要来自广西、贵州、湖南和云南等省份。从民族成分来看,主要是壮族、苗族和瑶族等。研究者共发出 150 份问卷,回收 120 份,其中有效问卷 103 份,问卷有效率为 68.67%。在调查有效样本中,男性 41 名,女性 62 名。

(二)研究工具

本章研究的调查工具分别改编自蔡晨(2018)设计的"语言态度问卷"和"双向语言文化认同问卷"。结合本研究实际,研究者对两份问卷的内容和文字表述进行适当改编。语言态度最终版本的问卷共包含三个大类十八个题项,分别从汉语和民族语两个角度对受试的情感评价、地位评价和交际评价进行调查。双向文化认同问卷则包含四个大类十二个题项,关注少数民族大学生对整合型、同化型、隔离型和边缘型四种认同类型的评价。正式版本的调查问卷见附录 7。

整个测量工具使用李克特五分量表,受试根据其对每个命题的认可程度,在 1 至 5 的语义区间选择一个具体数值,5 表示完全符合,1 表示完全不符合。最终根据回收问卷的相关数据计算出语言态度问卷的 Cronbach's α 系数为 0.842,双向语言文化认同问卷的 Cronbach's α 系数为 0.773,说明两份问卷可靠性较高,内部一致性较好,可用于后续分析。

（三）数据分析

相关数据的处理和分析主要使用 SPSS 19.0 进行,所涉及的统计方法主要有描述性分析、配对 T 检验和回归分析。具体说明如下：

（1）通过描述性分析对语言态度和双向文化认同各维度的平均值和标准差进行描写。

（2）通过配对 T 检验分析受试在汉语和民族语言上的态度差异。

（3）通过回归分析探究语言态度和双向文化认同的潜在预测效应。

因变量：（1）整合型认同；（2）同化型认同；（3）隔离型认同；（4）边缘型认同。

自变量：（1）民族语情感因子；（2）民族语地位因子；（3）民族语交际因子；（4）汉语情感因子；（5）汉语地位因子；（6）汉语交际因子。

四、研究结果

（一）语言态度比较

有关少数民族大学生的双语态度如表 8.1 所示。

表 8.1　少数民族大学生双语态度比较研究

	平均值	标准差	均值差	t	自由度	Sig.（双尾）
民族语情感	4.01	0.811	0.14	−2.317*	102	0.022
汉语情感	4.15	0.777				
民族语地位	3.43	0.946	0.32	−4.513*	102	0.000
汉语地位	3.75	1.036				

续　表

	平均值	标准差	均值差	t	自由度	Sig.（双尾）
民族语交际	3.28	1.056	0.91	−7.940*	102	0.000
汉语交际	4.19	0.823				
民族语态度	10.72	2.206	1.83	−7.465*	102	0.000
汉语态度	12.10	2.379				

　　语言评价是语言态度的直接反映。从均值来看,少数民族大学生对汉语和民族语的整体评价都尚可,前者均值为 12.10,后者均值为 10.72,都超过了临界值 9。但在其内部也存在差异大的问题,标准差分别是 2.379 和 2.206。从各分项因子来看,受试在这两种语言的评价上也较好,均值都超过了临界值 3,尤其在民族语情感因子、汉语情感因子和汉语交际因子这三个因子上的均值更是超过了 4。这表明少数民族大学生整体上对这两种语言都比较认可。就汉语态度而言,受试评价最好的是交际因子,均值为 4.19,其次为情感因子,均值为 4.15,再次之为地位因子,均值为 3.75。就民族语态度而言,受试评价最好的是情感因子,均值为 4.01,次之为地位因子,均值为 3.43,再次之为交际因子,均值为 3.28。因而,少数民族大学生的汉语态度特点可概括为交际因子＞情感因子＞地位因子,民族语态度则可概括为情感因子＞地位因子＞交际因子。

　　从配对样本 T 检验结果来看,少数民族大学生在两种语言的整体态度上存在明显差异$(t=−7.465,p<0.05)$,在情感因子、地位因子和交际因子上也都存在明显差异$(t=−2.317,p<0.05;t=−4.513,p<0.05;t=−7.940,p<0.05)$。从均值差来看,受试在交际因子上的差异最明显,均值差达到了 0.91,其次为地位因子,均值差为 0.32,差距最小为情感因子,均值差为 0.14。综上所述,少数民族大学生在汉语和民族语上的态度差异可概括为交际评价＞地位评价＞情感评价。

（二）双向文化认同

有关少数民族大学生的双向文化认同情况如表 8.2 所示。

表 8.2 少数民族大学生的双向文化认同

	N	最小值	最大值	平均值	标准差
整合型	103	1	5	4.10	0.819
同化型	103	1	5	2.55	1.006
隔离型	103	1	5	2.00	0.910
边缘型	103	1	5	1.45	0.924

表 8.2 表明,少数民族大学生的双向文化认同主要表现为整合型认同,均值为 4.10,其次为同化型认同,均值为 2.55,较次之为隔离型认同,均值为2.00,评价最低的则是边缘型认同,均值为 1.45。同时,受试在四种认同上的标准差也数值较高,都接近或超过 1。这表明,受试在这四种认同上也存在内部差异性大的问题。综合上述数据,可将本研究受试的认同类型概括为整合型＞同化型＞隔离型＞边缘型。值得一提的是,同化型认同、隔离型认同和边缘型的均值比较低,都没有超过临界值 3。这表明,整合型认同是少数民族大学生双向文化认同的主流,其他三种类型在少数民族大学生的双向文化认同中并不典型。

（三）双语态度与文化认同关系

1. 双语态度与整合型认同

为进一步确认双语态度与整合型认同之间的关系,研究者以双语态度为自变量,以整合型认同为因变量,进行多元线性回归分析,以检验双语态度对整合型认同的单独影响和贡献程度。本次回归分析满足误差呈正态分布以及误差和预测变量不相关的前提假设。回归结果显示,双语态度与整合型认同的模型决定系数为 $R^2 = 0.446$,方差检验值 $F = 14.675, sig. <$

0.001,因而该模型具有统计意义,即双语态度对整合型认同具有一定的预测作用,可以解释其中44.6%的变异。相关回归系数见表8.3。

表8.3　双语态度与整合型认同的回归分析

模　　型	未标准化系数		标准化系数	t	Sig.
	B	标准误差	Beta		
（常量）	1.324	0.373		3.548	0.001
民族语情感	0.597	0.120	0.592	4.963*	0.000
民族语地位	−0.128	0.120	−0.148	−1.070	0.287
民族语交际	−0.092	0.069	0.219*	−1.327	0.038
汉语情感	0.056	0.162	0.053	0.348	0.729
汉语地位	0.104	0.112	0.132	0.930	0.355
汉语交际	0.117	0.124	0.118	0.946	0.347

注: $*p < 0.05$

从两者的作用机制来看,民族语的情感因子和交际因子能显著影响受试整合型认同的发展。其中,又以民族语情感因子的影响最大($Beta = 0.592$),其次为民族语交际因子($Beta = 0.219$)。

2. 双语态度与同化型认同

为进一步确认双语态度与同化型认同之间的关系,研究者以双语态度为自变量,以同化认同为因变量,进行多元线性回归分析,以检验双语态度对整合型认同的单独影响和贡献程度。本次回归分析满足误差呈正态分布以及误差和预测变量不相关的前提假设。回归结果显示,双语态度与同化型认同的模型决定系数为 $R^2 = 0.153$,方差检验值 $F = 5.952, sig. < 0.001$,因而该模型具有统计意义,即双语态度对同化型认同具有一定的预测作用。但是,该模型的方差拟合度较弱,只能解释其中15.3%的变异。相关回归系数见表8.4。

表 8.4　双语态度与同化型认同的回归分析

模　型	未标准化系数		标准化系数	t	Sig.
	B	标准误差	Beta		
（常量）	2.235	0.599		3.729	0.000
民族语情感	−0.113	0.193	−0.091	−0.582	0.562
民族语地位	0.565	0.193	0.531*	2.930	0.004
民族语交际	−0.169	0.111	−0.178	−1.520	0.132
汉语情感	0.005	0.260	0.004	0.020	0.984
汉语地位	−0.133	0.180	−0.137	−0.740	0.461
汉语交际	−0.032	0.199	−0.026	−0.162	0.871

注：* $p < 0.05$

从两者的作用机制来看，只有民族语的地位因子能显著影响受试同化型认同的发展（$Beta = 0.531$）。

3. 双语态度与隔离型认同

为进一步确认双语态度与隔离型认同之间的关系，研究者以双语态度为自变量，以隔离型认同为因变量，进行多元线性回归分析，以检验双语态度对隔离型认同的单独影响和贡献程度。本次回归分析满足误差呈正态分布以及误差和预测变量不相关的前提假设。回归结果显示，双语态度与隔离型认同的模型决定系数为 $R^2 = 0.131$，方差检验值 $F = 2.211$，$sig. < 0.001$，因而该模型具有统计意义，即双语态度对隔离型认同具有一定的预测作用。但是，该模型的方差拟合度较弱，只解释其中 13.1% 的变异。相关回归系数见表 8.5。

从两者的作用机制来看，只有民族语的地位因子能显著影响受试隔离型认同的发展（$Beta = 0.446$）。

表8.5   双语态度与隔离型认同的回归分析

模　　型	未标准化系数		标准化系数	t	Sig.
	B	标准误差	Beta		
（常量）	1.902	0.553		3.438	0.001
民族语情感	−0.118	0.178	−0.105	−0.659	0.512
民族语地位	0.430	0.178	0.446*	2.414	0.018
民族语交际	−0.038	0.103	−0.044	−0.372	0.711
汉语情感	0.032	0.240	0.027	0.132	0.896
汉语地位	−0.177	0.166	−0.202	−1.065	0.290
汉语交际	−0.058	0.184	−0.052	−0.313	0.755

注：* $p < 0.05$

4. 语言态度与边缘型认同

为进一步确认双语态度与边缘型认同之间的关系，研究者以双语态度为自变量，以边缘型认同为因变量，进行多元线性回归分析，以检验双语态度对边缘型认同的单独影响和贡献程度。本次回归分析满足误差呈正态分布以及误差和预测变量不相关的前提假设。回归结果显示，双语态度与边缘型认同的模型决定系数为 $R^2 = 0.015$，方差检验值 $F = 0.251, sig. > 0.001$，因而该模型不具有统计意义，即双语态度对边缘型认同不具有预测作用。相关回归系数见表8.6。

表8.6   双语态度与边缘型认同的回归分析

模　　型	未标准化系数		标准化系数	t	Sig.
	B	标准误差	Beta		
（常量）	1.902	0.553		3.438	0.001
民族语情感	−0.118	0.178	−0.105	−0.659	0.512
民族语地位	0.430	0.178	0.446	2.414	0.018

续　表

模　　型	未标准化系数		标准化系数	t	Sig.
	B	标准误差	Beta		
民族语交际	−0.038	0.103	−0.044	−0.372	0.711
汉语情感	0.032	0.240	0.027	0.132	0.896
汉语地位	−0.177	0.166	−0.202	−1.065	0.290
汉语交际	−0.058	0.184	−0.052	−0.313	0.755

注：* $p < 0.05$

五、研究讨论

（一）双语态度比较

语言作为一种交际工具，本身并没有高低优劣之分。但这仅仅是语言学家们一种比较理想化的观点，因为它所关注的仅仅是语言事实，而非社会事实。Trudgill(1996)就曾指出，评价一种语言变体是否正确、纯洁，根据的是社会的标准，而不是语言的标准。研究发现，少数民族大学生对于民族语言的情感评价最好，在地位评价和交际评价上则尚有提升空间。高一虹(1998)认为，语言忠诚会在语言的情感评价维度上更为突出。本章研究结论呼应了这一观点。访谈结果发现，绝大多数少数民族大学生都表明民族语是他们最早学会的语言，他们对于它有很强的语言忠诚度。在对汉语的语言态度上，少数民族大学生的整体评价都很高。这表明少数民族大学生对国家通用语总体认知是正面的，已经意识到汉语在自身发展和日常交际中的重要作用。

与民族语语言态度不同的是，少数民族大学生对于汉语交际功能的评价最好。这表明，少数民族大学生对于民族语言更多表现出一种情感依恋，对于汉语则更多表现出一种功能依赖。这可能有两方面原因。一方面是本章研究少数民族大学生的汉语能力和民族语能力存在差异。他们虽然也是双语人，但更多表现出汉语优势型的特点，民族语能力的欠缺制约了其在他们日常生活中的使用频率和使用范围。另一方面可能与语言环境有关。本章研究中少数民族大学生的生活语境在东部沿海地区，主要是以汉语作为交际工具，汉语要比民族语在他们的日常生活中更有使用空间。这表明，语言能力和语言环境会影响少数民族大学生的语言态度。

从民族语和汉语的语言态度比较来看，两者在交际评价上的差异最明显。就中国多语多文化的语言国情现状而言，推广普通话有其现实意义，不仅有利于促进各地区群体间的交流，也有利于维护国家的统一，增进民族凝聚力。与此同时，后致性规则（个人努力和业绩等）逐渐成为社会流动机制的主导规则，越来越多的社会成员有可能通过自己的努力获得应有的社会地位。语言使用者为了更好融入主流社会，就会有意识地选择某一比较有权势的高变体语言，因为语言也是社会的反映。在这一背景下，汉语当仁不让地扮演了高变体语言的角色，并被打上了"有地位""有文化""城市"等标签，在日常交际中扮演越来越重要的角色。这表明，少数民族大学生对于当前汉语和民族语在社会生活中的语言格局和语言价值已经有了清晰认识。此外，受试群体在汉语和民族语的情感评价上差异最不明显。这表明，他们已经成长为了成熟的双语人，对于汉语和民族语都有很深厚的情感。就少数民族大学生而言，民族语是他们最早习得的语言，且主要通过家庭的途径从父母和祖父母那里习得，因而他们对于民族语的情感是天然的和自然的，认为那是一种亲人间的语言。在入学以后，由于学校的教学语言主要是普通话，且通过学校的教育，他们进一步认识到自身在国家和社会中的归属，在同化和顺应的过程中，他们会重新建构有关民族语和汉语的认识。就访谈结果来看，少数民族大学生对于民族语和汉语的看法比较理性，认为少数民族应该要学好本民族语言，但更要学好汉语。

（二）双向文化认同

以往对于文化认同的形成过程主要有三种认识，分别是原生主义、工具主义和建构主义。原生主义者认为，当个体从事族群活动时，与族群文化相关的语言、信仰、规范和行为模式等会使得他们连接到族群内的其他人，从而产生感情上的归属感（Peyton，2001）。工具论者则认为族群认同是动员个体保护或追求该群体共同利益的媒介,个人对某一特定族群文化的认同是基于可以通过该文化获取政治上、经济上或社会上的利益(Shils, 1975)。建构论者则认为认同感来自个人对自己的理解与描述,认同主体的建构历程是与个人过去生命经验以及社会文化历史脉络有关,不管是本质论与工具论都显示族群认同的建构,都是基于原生情感、自我认可、语言、血缘和家庭、宗族所承继的风俗习惯的影响(Cornell and Hartmann, 2007)。他们一方面吸收工具论的看法,认为族群认同会因为追求或维持特定的利益而随时间和情境改变。另一方面,他们也保留原生主义者的观点,认为个体会因为参与某一特定文化活动而产生依附关系。但是,与原生主义者不同的是,他们认为个体与族群之间的联系并非与生俱来的,而是后天建构的。同时他们也强调个体在族群过程中的主动性和创造性,因为不同族群成员在同一情境下也会发展出不同的认同策略来建构其族群认同。本章研究发现,少数民族大学生的文化认同主要表现为整合认同,但也存在着同化、隔离和边缘三种状态。这表明,他们的认同呈现出一种动态的、混合的和异质的图像。但是,本章研究中少数民族大学生在同化、隔离和边缘三种认同上的评价并不高。因而,整合型认同是他们双向认同中的主流。

就整合型认同而言,他们是在两种竞争性力量中建构形成。一种是来自现实的效益,促使他们从语言的工具性和语言所带来的实际效益来看待普通话的价值,进而决定其在社会生活中的重要地位。另一种则来自家庭内部的原生性情感联系,促使他们将对自我族群的性感转移到对母语的情感依附上。但是,正如建构主义者所强调的,少数民族大学生在这两种力量的冲突中,通过发挥自身的主动性与创造性,发展出了折中之道:在情感和道德层面,他们认同与自己的民族语言和民族文化,认为 XX 人就应该要会说 XX 语。但是在认知和语言使用层面,他们认同汉语的学习价值,并在日常生活中广泛使用汉语,认为这是受过教育和有文化的体现。因而,少数民族大学生的整合认同实际上是一种混合的认同,同时他们对于汉语和母语的认同内涵并不一致。

(三)双语态度与双向文化认同

文化认同既不是社会结构的附属品,也不是个人内在意图的产物,而是在社会文化历史条件下、在互动情境中与语言互为建构的,是一个多元的流动过程(Harklau,2000)。本章研究结论呼应了上述观点,表明少数民族大学生的双语态度与他们的双向文化认同之间的确存在密切关联。少数民族大学生在社会化的过程中,不断与外部环境和不同族群成员共享和协商,并通过语言的象征性力量来建构对于主流文化和本民族文化的理解。反映在本研究中就是少数民族大学生的双语态度在不同程度上都与整合型认同、同化型认同和隔离型认同存在关系。至于双语态度与边缘型认同不存在任何关系可能与边缘型认同的特殊性有关。一方面,边缘型认同仅是一种理想中存在的状态,在现实社会中很少存在没有认同的个体。另一方面,边缘型认同自然排斥本民族文化和主流文化,也就与民族语和汉语的语言态度不相关。

但是外部环境并不完全独立于个体之外,而是能够被个体的行为进行资源配置的转换,个体通过语言所进行的认同行为会被进行有意识或无意识地反思性监控(Giddens,1991)。这反映在本章研究中就是并非所有的双语态度因子都能影响少数民族大学生的双向族群认同。具体来说,民族语的情感因子和交际因子能显著影响受试整合型认同发展。这是因为整合型认同关注民族文化和主流文化的整合创新,但在汉语强势的社会语境下,必须要激发相应的民族语活力才能与汉语相匹配。在此过程中,少数民族大学生对于民族语的情感评价和交际评价就扮演了重要角色。在同化型认同和隔离型认同中,只有民族语的地位因子能显著影响这两种认同的发展。汉语是国家通用语言,民族语则是各民族内部使用的语言,两者在社会中的地位存在明显差异。虽然国家也制定了相关法律来对民族语的使用和发展进行保护,但不可否认的是,汉语在现实社会中更多表现出强势语言的特点,而民族语则表现出弱势语言的特点。同化型认同表现为放弃本民族文化而选择主流文化,民族语和汉语的这一语言现实恰好满足了少数民族大学生的这一需求。但隔离型认同则表现为回避主流文化并选择本民族文化,与上述语言现实恰好相反。在此背景下,少数民族大学生就需要通过提升本民族语的社会地位来满足自己的认同需求。因而民族语的地位因子虽然能显著影响他们的同化型认同和隔离型认同,但在两者中的作用机制并不相同。在同化型认同中，民族语的地位因子表现为对语言现状的认同，而在隔离型认同中，则表现为对语言现状的改变。

六、研究结论及建议

本章研究通过调查沿海地区高校少数民族大学生的双语态度和双向文化认同情况，研究发现：

（1）少数民族大学生的汉语态度特点可概括为交际因子＞情感因子＞地位因子。民族语态度则可概括为情感因子＞地位因子＞交际因子。在汉语和民族语上的态度差异可概括为交际评价＞地位评价＞情感评价。

（2）他们的双向认同呈现出一种混合的、动态的和异质的图像，但整体上以整合型认同为主，同化型认同、隔离型认同和边缘型认同并不典型。

（3）少数民族大学生的双语态度在不同程度上都与整合型认同、同化型认同和隔离型认同存在关系。民族语的情感因子和交际因子能显著影响受试整合型认同发展。民族语的地位因子能显著影响受试同化型认同和隔离型认同的发展。

针对上述研究发现，本章研究建议：

（1）学校作为少数民族大学生接受教育的主要场所，要帮助他们树立正确的双向认同，进而发展跨族群的文化能力。少数民族青年群体在正确认知本民族文化和主流文化的基础上，学校要帮助他们通过跨文化的探索和协商，创造性地摸索出本民族语言文化和主流语言文化之间的中间地带，培养他们文化融合和文化创新的能力。只有将本民族文化回归到主流文化并与主流文化并行发展，才是民族文化永续发展的唯一出路。在此过程中，民族文化和主流文化对于他们来说，不再是折衷的文化拼盘和杂烩，而是一种文化创新。只有这样，才能使他们形成跨文化的复合人格，以适应城镇化进程中不断变化的经济和文化交流需要。

（2）学校作为校园文化环境建设者，要加强语言规划的意识，建构汉语和民族语和谐的社会环境。汉语作为一种国家通用语，在现代社会中既扮演了不同族群间信息交流的角色，也承担了国家意志和文化整合的重要作用。但是，民族语言作为民族文化的代表，承载了少数民族共同的历史记忆。校园环境建设中需要明确两种交际工具的社会地位及使用语域,这样有助于少数民族大学生避免语言使用中的两难抉择,也有助于他们在自然的环境下发展母语能力,从而向整合型双向认同迈进。事实上,从多元文化价值尊重的社会互动模式而言,目前的教育政策在包容、接纳和支持这三个阶段都还很不够。但是,民族语保护应当遵循语言发展规律,也不能为了保护民族语言而阻止普通话推广,应当努力构建以普通话为主体的主体性与多样性相统一的和谐语言文化生活。

第九章 结 论

一、主要发现

民族教育是社会主义教育体系的重要组成部分,是中华民族共同体意识生成的重要基础。适应与发展是少数民族大学生在大学阶段的两大基本任务,他们对于大学生活的适应性以及自身能力的发展,是推动民族高等教育高质量发展的内生动力。从个体角度来说,少数民族大学生在学校适应过程中能增强社会融合能力,塑造具有社会认同感的现代社会合格公民。从民族角度来说,少数民族大学生在学校适应过程中能维护和强化自身民族属性的文化自觉和文化认同。从国家角度来说,少数民族大学生在学校适应过程中能增强对中华民族的认同感和对国家的认同感,成为具有爱国主义精神的现代社会合格公民。从一定意义上来说,少数民族大学生对大学生活的适应与否直接关系到新时代民族高等教育的成败。

本书以在异地求学的少数民族大学生为研究对象,采取整体研究和专题研究相结合的方式,对他们的学校适应性问题展开多角度研究。本书取得了如下发现:

（一）少数民族大学生学校适应性现状的整体特点

少数民族大学生的学校适应性整体表现一般,其典型特点可概括为学习适应＞心理适应＞生活适应。性别和籍贯在学习适应中存在交互效应,性别和年级在生活适应中存在交互效应。男性少数民族大学生的生活适应表现呼应了"U曲线理论",而女性少数民族大学生的生活适应表现则呼应了"压力应对理论"。学习服务和自我调节显著预测学习适应,生活服务和他人调节显著预测生活适应。本书研究结果表明,少数民族大学生需要充分利用广阔的内外环境条件进行非线性作用才能实现自身的校园适应性发展,但影响因素的积极影响、消极影响和无影响往往是交替变换,会受到个体差异因素的限制。

(二)少数民族大学生移动学习投入的特点

少数民族大学生的环境给养感知和英语学习投入整体表现较好,移动学习投入的典型特定可概括为行为投入>认知投入>情感投入,给养感知的典型特点可概括为人际给养适应>资源给养>网络给养。环境给养感知对英语学习投入的三个分项存在不同的回归效应。认知投入受环境给养感知的影响最明显,行为投入则不受环境给养感知影响。本书研究结果表明,移动学习环境的体验性和挑战性是与少数民族大学生的英语学习需求相适应的,但他们在移动环境中的自适应性和能动性差异影响了给养感知和转化的有效性。相比较国内其他同类研究,本书研究的少数民族大学生在环境给养感知和英语学习投入上与汉族大学生表现出很大的共性。这表明作为与互联网共成长的年轻 E 世代,少数民族大学生的移动英语学习特点具备一定普遍性。

(三)少数民族大学生网络学习自我调节的特点

少数民族大学生的自我调节学习能力整体水平一般,其典型特点可概括为环境调节能力>任务调节能力>时间调节能力>求助资源调节能力>情感调节能力>认知调节能力。相比较汉族大学生而言,少数民族大学生的自我调节学习能力存在思辨能力差、情感调控能力低下和合作意愿不足等问题。自我调节学习能力能显著预测少数民族大学生的英语听力水平,环境调节能力、时间调节能力和求助资源调节能力在其中扮演了重要角色。本书研究表明,少数民族大学生的自我调节学习能力在网络学习中扮演了自我监控角色。他们会将当前的自我学习需求投射到未来的学习结果中去,在期待实现学习成就的满足过程中积极调节自己的学习计划。

(四)少数民族大学生虚拟社会化的特点

少数民族大学生的虚拟社会化现状和媒体识读能力整体表现较好,虚拟社会化的典型特点可概括为人际互动>伦理道德,媒体识读能力的典型特点可概括为区别真假>觉察说服>批判是非。媒体识读能力与虚拟社会化之间存在显著的正向关系,前者对后者具有一定的预测力,尤其是区别真假能力在少数民族大学生虚拟社会化表现上起到了重要的作用。本书研究结果表明,少数民族大学生能够识别媒体符号所传递的内容,对于内容背后所隐藏的意义和内涵则关注不够。媒体识读能力对少数民族大学生虚拟社会化的表现主要体现在其监管作用,具备较好媒体识读能力的少数民族大学生在高风险的虚拟网络社会中越能平衡虚拟空间和现实空间的差异,在面对诱惑性体验中不致迷失自我。

(五)少数民族大学生亲社会行为的特点

少数民族大学生的亲社会行为与汉族大学生一样,都表现出集体主义倾向,但在内部的层级排列上则表现出特殊性,其典型特点可概括为利他性行为>特质性行为>关系性行为>公益性行为。移情与人际敏感性对少数民族大学生的亲社会行为上存在不同的预测效应。状态移情对于关系性行为、利他性行为和公益性行为上都存在显著的预测效应,情感移情和人际敏感性则对特质性行为存在显著的预测性效应。同时,移情与人际敏感性在特质性行为上存在交互效应。在低共情组中,高人际敏感性少数民族大学生的特质性行为要好于低人际敏感性少数民族大学生。本书研究结果表明,认知移情和情感移情在少数民族大学生的亲社会行为上存在不同的作用机制,他们为了获得他人对自身积极形象的认同会表现出更多的亲社会行为倾向。

(六)少数民族大学生心理社会发展的特点

少数民族大学生的心理社会发展整体良好,其典型特点可概括为情绪处理/能力感>整合感>自我认同>自主到互赖>目标设定发展>成熟人际关系发展。上述七个内容又可进一步范畴化为人生规划发展、心理调适发展和人际交往发展两个维度。校园经验投入与心理社会发展之间存在一定的正向关系。异族群互动与人际投入在人生规划发展和人际交往发展上具有很好的预测作用。学术投入只在人际交往发展上存在显著影响,本族群互动在人生规划发展和人际交往发展上都不具有显著影响。研究结果表明,少数民族大学生心理社会的发展不只在于学校教育机会和教育环境的提供,更重要的是他们在校园生活中的参与意愿和实际行动。相比较国内其他研究,本书研究通过因子分析提取出的"人生规划发展""心理调适发展"和"人际交往发展"三个因子更能体现少数民族大学生心理社会发展的针对性。

（七）少数民族大学生双向文化认同的特点

少数民族大学生的双向认同呈现出一种混合的、动态的和异质的图像,但整体上以整合型认同为主,其特点可概括为整合型认同＞同化型认同＞隔离型认同＞边缘型认同。他们的汉语态度特点可概括为交际因子＞情感因子＞地位因子,民族语态度则可概括为情感因子＞地位因子＞交际因子,在汉语和民族语上的态度差异可概括为交际评价＞地位评价＞情感评价。少数民族大学生的双语态度在不同程度上都与整合型认同、同化型认同和隔离型认同存在关系。民族语的情感因子和交际因子能显著影响受试整合型认同发展。民族语的地位因子能显著影响他们同化型认同和隔离型认同的发展。本书研究结果表明,语言态度在少数民族大学生的族群文化认同建构中扮演了反思性监控角色,他们通过语言态度的象征性力量来建构对于主流文化和本民族文化的理解。

二、未来研究

少数民族大学生的学校适应性是一个受多种因素制约与交互作用的复杂"社会—心理—行为"系统,而他们适应能力的培养更是受国家层面的发展战略、政策层面的支持制度、社会层面的经济发展、高校层面的人才培养目标和个体层面的综合能力等因素的影响。本书通过借鉴生态教育理论的主要理论观点和研究设计,从多元文化整合教育和青少年社会化角度出发对少数民族大学生的学校适应问题进行了探析,虽然取得了一些有益的结论,但仍有问题需要进一步深入分析。未来还需要在以下几个方面做进一步探索:

(1)拓展研究对象。从民族教育的国家战略来看,少数民族大学生的人才培养目标应该是既有面向科学研究的精英人才培养,也应该要有面向实际应用的专门人才培养。不同层次高校的人才培养目标不同,在具体培养过程中的教育举措必然也会不同,学习者的学校适应自然也会存在差异。本书研究的少数民族大学生主要来自普通高校,未来可以考虑针对双一流高校或民族重点高校的少数民族大学生开展同类研究。同时,本研究重点关注在异地求学的少数民族大学生,凸显了他们求学环境中的文化差异性,比以往研究迈进了一步;但从跨文化的理论建构而言,未来也需要进一步将在民族地区求学的少数民族大学生、在民族地区求学的汉族大学生以及在汉族地区求学的汉族大学生纳入考量,开展跨族群的比较研究,进一步揭示中国语境下不同学习主体学校适应性的普遍性特征。

(2)拓展研究主题。本书主要是从社会文化视角和社会认知视角切入,分析了学习环境因素和个体认知因素对少数民族大学生学校适应的影响,固然取得了一些结论,但并没有全面解释导致他们学校适应不良的主客观因素。未来可以进一步拓展研究主体,例如从成就动机、家庭文化资本和就业能力培养等角度开展相关研究。其次,本书研究主要关注少数民族大学生学校适应的影响因素,对于学校适应与他们未来学习、心理和就业的关系则未做深入讨论,未来可以考虑构建一个包含学校适应现状、前因与后果的综合分析框架,开展全面研究。最后,少数民族大学生的学校适应是一种动态的、发展的综合素质,未来可以进行历时性的比较研究,进一步揭示少数民族大学生学校适应的动态发展规律。

附　　录

附录 1　少数民族大学生学校适应问卷

亲爱的同学：

　　您好！这是一份关于少数民族大学生学校适应的问卷，目的在于了解本校少数民族大学生的学校适应情况。此问卷主要用于学术研究，不会泄露您的个人信息，也不涉及任何其他用途。您的回答将为本研究提供宝贵资料，答案没有对错，请您根据实际情况真实填写。衷心感谢您的参与和协助。

注：1＝完全不符合　2＝很不符合　3＝不确定　4＝很符合　5＝完全符合

第一部分：个人信息

性　　别：男　　○　　　女　　○

籍　　贯：农村　　○　　　县城　　○

年　　级：大一　　○　　　大二　　○　　　大三　　○

第二部分：学校适应问卷

描　　述	选　　项				
1. 我总是遵守学校规章制度，从不迟到旷课。	1	2	3	4	5
2. 我总是认真上课，按时完成作业。	1	2	3	4	5
3. 我经常主动和老师或同学探讨问题。	1	2	3	4	5

描　　　述	选　　　项				
4. 上大学以后,我感觉学习负担很重。	1	2	3	4	5
5. 上大学以后,我对各种考试很担心。	1	2	3	4	5
6. 上大学以后,我对自己能否毕业很怀疑。	1	2	3	4	5
7. 我对学校的教育环境很满意。	1	2	3	4	5
8. 我对上课老师的授课质量很满意。	1	2	3	4	5
9. 我对课程的考核方式很满意。	1	2	3	4	5
10. 我经常感到很苦闷。	1	2	3	4	5
11. 我感到前途没有希望。	1	2	3	4	5
12. 我总是无精打采。	1	2	3	4	5
13. 同学考试成绩比我好,我会觉得运气好。	1	2	3	4	5
14. 同学有男/女朋友了,我会也想找一个。	1	2	3	4	5
15. 同学在比赛中获奖了,我会不服气。	1	2	3	4	5
16. 我的心情总是时好时坏。	1	2	3	4	5
17. 我的学习热情总是时高时低。	1	2	3	4	5
18. 我对朋友总是时冷时热。	1	2	3	4	5
19. 我有困难时同学们会帮我。	1	2	3	4	5
20. 我和室友相处很融洽。	1	2	3	4	5
21. 我很喜欢认识新朋友。	1	2	3	4	5
22. 我经常和任课老师请教生活情感问题。	1	2	3	4	5
23. 我经常和任课老师请教学业问题。	1	2	3	4	5
24. 我和任课老师相处很愉快。	1	2	3	4	5
25. 我的大学生活作息很规律。	1	2	3	4	5

描 述	选 项				
26. 我能很好处理学习和娱乐的矛盾。	1	2	3	4	5
27. 我能独自处理生活中的各种问题。	1	2	3	4	5
28. 学校为少数民族大学生开设了专门食堂。	1	2	3	4	5
29. 学校媒体会经常报道少数民族大学生新闻。	1	2	3	4	5
30. 园区导师会为少数民族大学生进行学业辅导。	1	2	3	4	5
31. 学院辅导员会专门听取少数民族大学生需求。	1	2	3	4	5
32. 校园文化活动中经常能看到少数民族身影。	1	2	3	4	5
33. 当我在学校碰到问题时,我倾向于自己解决。	1	2	3	4	5
34. 当我在学校碰到问题时,我倾向向老师求助。	1	2	3	4	5

附录 2　少数民族大学生移动学习问卷

亲爱的同学：

您好！这是一份关于少数民族大学生移动学习的问卷，目的在于了解本校少数民族大学生的移动学习情况。此问卷主要用于学术研究，不会泄露您的个人信息，也不涉及任何其他用途。您的回答将为本研究提供宝贵资料，答案没有对错，请您根据实际情况真实填写。衷心感谢您的参与和协助。

注：1＝完全不符合　2＝很不符合　3＝不确定　4＝很符合　5＝完全符合

第一部分：个人信息

性　　别：男　　○　　女　　○

籍　　贯：农村　　○　　县城　　○

年　　级：大一　　○　　大二　　○　　大三　　○

第二部分：移动学习问卷

描　　述	选　　项				
1. 我会尽量完成老师布置的所有作业。	1	2	3	4	5
2. 我每周都会参与线上学习任务学习。	1	2	3	4	5
3. 我在线上学习时会关闭手机等通信工具。	1	2	3	4	5
4. 我对网络学习很感兴趣。	1	2	3	4	5
5. 我在网络学习中能取得很高分数。	1	2	3	4	5
6. 网络学习对我能力提高很有帮助。	1	2	3	4	5
7. 网络学习系统的操作系统很简单。	1	2	3	4	5
8. 网络学习系统的学习内容很有趣。	1	2	3	4	5

续　表

描　　　述	选　　项				
9. 网络学习系统的学习页面很活泼。	1	2	3	4	5
10. 我每次都会安排足够时间进行网络学习。	1	2	3	4	5
11. 当遇到学习挫折时,我会努力让自己重拾信心。	1	2	3	4	5
12. 我会找个安静环境进行网络学习。	1	2	3	4	5

第三部分：给养感知问卷

描　　　述	选　　项				
1. 网络学习系统登录很简单。	1	2	3	4	5
2. 网络系统的学习模块结构很清晰。	1	2	3	4	5
3. 网络学习系统完整呈现学习轨迹。	1	2	3	4	5
4. 网络学习系统由浅及深安排学习内容。	1	2	3	4	5
5. 网络学习任务由文字、图片和影音等组成。	1	2	3	4	5
6. 网络学习系统安排很多开放性学习任务。	1	2	3	4	5
7. 当我碰到学习困难时,老师会及时提供帮助。	1	2	3	4	5
8. 在网络学习中,老师会经常鼓励我。	1	2	3	4	5
9. 在网络学习中,老师的反馈对我很有帮助。	1	2	3	4	5

附录3 少数民族大学生网络
自我调节学习问卷

亲爱的同学：

您好！这是一份关于少数民族大学生网络自我调节学习的问卷，目的在于了解本校少数民族大学生的网络自我调节学习情况。此问卷主要用于学术研究，不会泄露您的个人信息，也不涉及任何其他用途。您的回答将为本研究提供宝贵资料，答案没有对错，请您根据实际情况真实填写。衷心感谢您的参与和协助。

注：1＝完全不符合　2＝很不符合　3＝不确定　4＝很符合　5＝完全符合

第一部分：个人信息

性　　别：男　　○　　女　　○

籍　　贯：农村　　○　　县城　　○

年　　级：大一　　○　　大二　　○　　大三　　○

第二部分：网络自我调节学习

描　　　　述	选　　　项				
1. 我会为每个月都设定阶段性自主学习目标。	1	2	3	4	5
2. 在自主学习时，我会注意自己做题的速度和准确性。	1	2	3	4	5
3. 时间充裕下，我会思考自己是如何完成学习任务。	1	2	3	4	5
4. 当我学习不理想时，我会调整自己的学习方式。	1	2	3	4	5
5. 网络自主学习是一件很有趣的事情。	1	2	3	4	5
6. 在自主学习时，我会观察自己的情绪变化。	1	2	3	4	5
7. 当我分数不理想时，我会自我鼓励。	1	2	3	4	5

描　　　述	选　　项				
8. 当我学习不理想时,我会调整自己的学习情绪。	1	2	3	4	5
9. 在自主学习前,我会充分了解学习要求。	1	2	3	4	5
10. 在自主学习前,我会快速浏览学习内容的难易度。	1	2	3	4	5
11. 当我不能完成学习任务时,我会请求教师帮助。	1	2	3	4	5
12. 当我学习不理想时,我会调整自己的学习期待。	1	2	3	4	5
13. 在自主学习前,我会注意学习的地方是否安静。	1	2	3	4	5
14. 我会注意教师的教学管理方式对我学习的影响。	1	2	3	4	5
15. 在自主学习前,我会关闭手机,移除让我分心的东西。	1	2	3	4	5
16. 当我学习不理想时,我会反思学习环境对我的影响。	1	2	3	4	5
17. 我会每周安排自主学习的时间。	1	2	3	4	5
18. 在自主学习时,我会监控自己的学习效率。	1	2	3	4	5
19. 我会每个月安排自主学习的进度。	1	2	3	4	5
20. 当我学习不理想时,我会重新安排自己的学习进度。	1	2	3	4	5
21. 在我碰到学习困难时,我知道可以向那些人求助。	1	2	3	4	5
22. 在自主学习时,我知道可以运用哪些网络资源。	1	2	3	4	5
23. 在自主学习时,我会借助以前的笔记帮助自己学习。	1	2	3	4	5
24. 当我学习不理想时,我会反思如何更好向别人求助。	1	2	3	4	5

附录4 少数民族大学生
虚拟社会化问卷

亲爱的同学：

您好！这是一份关于少数民族大学生虚拟社会化的问卷，目的在于了解本校少数民族大学生的虚拟社会化情况。此问卷主要用于学术研究，不会泄露您的个人信息，也不涉及任何其他用途。您的回答将为本研究提供宝贵资料，答案没有对错，请您根据实际情况真实填写。衷心感谢您的参与和协助。

注：1＝完全不符合　2＝很不符合　3＝不确定　4＝很符合　5＝完全符合

第一部分：个人信息

性　　别：男　　○　　　女　　○
籍　　贯：农村　　○　　　县城　　○
年　　级：大一　　○　　　大二　　○　　　大三　　○

第二部分：虚拟社会化问卷

描　　　述	选　　项				
1. 我会积极地通过微信和QQ等方式拓宽我的人际网络。	1	2	3	4	5
2. 我在网络中有交流比较频繁的固定朋友。	1	2	3	4	5
3. 我会真诚地和网络中的朋友交流互动。	1	2	3	4	5
4. 我不会在网上主动浏览不健康的信息。	1	2	3	4	5
5. 我不会在网上传播可信度不高的信息。	1	2	3	4	5
6. 我不会在网上匿名辱骂别人。	1	2	3	4	5

第三部分：媒体识读能力问卷

描　　　述	选　　项				
1. 我会通过性价比来鉴别商品真伪。	1	2	3	4	5
2. 我会通过扫描二维码或条形码鉴别商品真伪。	1	2	3	4	5
3. 我不会因为喜欢明星就去购买他的代言商品。	1	2	3	4	5
4. 广告中聘请明星，可以增加商品的说服力。	1	2	3	4	5
5. 广告中的煽情手段，能提升观众购买产品的意愿。	1	2	3	4	5
6. 广告中同类产品的比较能让人更加信服。	1	2	3	4	5
7. 我会多方面了解广告的真实性与有效性。	1	2	3	4	5
8. 我会主动思考广告的背后逻辑和潜在意图。	1	2	3	4	5
9. 我会主动思考如何提升广告的传播效果。	1	2	3	4	5

附录 5 少数民族大学生亲社会行为问卷

亲爱的同学：

您好！这是一份关于少数民族大学生亲社会行为的问卷，目的在于了解本校少数民族大学生的亲社会行为情况。此问卷主要用于学术研究，不会泄露您的个人信息，也不涉及任何其他用途。您的回答将为本研究提供宝贵资料，答案没有对错，请您根据实际情况真实填写。衷心感谢您的参与和协助。

注：1＝完全不符合　2＝很不符合　3＝不确定　4＝很符合　5＝完全符合

第一部分：个人信息

性　　别：男　　○　　　女　　　○
籍　　贯：农村　○　　　县城　　○
年　　级：大一　○　　　大二　　○　　　大三　　○

第二部分：亲社会行为问卷

描　　　　述	选　　项				
1. 我喜欢参加校内外组织的社会公益活动。	1	2	3	4	5
2. 我愿意为班集体做事情。	1	2	3	4	5
3. 我主动把座位让给有需要的人，如老弱病残孕。	1	2	3	4	5
4. 我会主动邀请旁观者加入我们的游戏。	1	2	3	4	5
5. 我体谅父母的劳动并主动承担一些力所能及的家务。	1	2	3	4	5
6. 同学生病时，我主动送他到校医室。	1	2	3	4	5
7. 我会主动和新同学打招呼并结交成为朋友。	1	2	3	4	5

续　表

描　述	选　项				
8. 我愿意改正自己的缺点。	1	2	3	4	5
9. 我会主动打扫教室卫生。	1	2	3	4	5
10. 我会对别人的秘密守口如瓶。	1	2	3	4	5
11. 我会帮同学补课或教同学打球。	1	2	3	4	5
12. 与朋友发生矛盾后，我会主动道歉。	1	2	3	4	5
13. 遇到老师和长辈，我会主动问好。	1	2	3	4	5
14. 我常常赞美他人的优点。	1	2	3	4	5
15. 我很乐意给灾区捐款捐物。	1	2	3	4	5

第三部分：人际关系敏感性问卷

描　述	选　项				
1. 当我跟别人告别时，我会感到不安。	1	2	3	4	5
2. 因为害怕被拒绝，我会避免表达自己的想法。	1	2	3	4	5
3. 当认识新朋友时，我会感到不安。	1	2	3	4	5
4. 如果别人知道我真实的样子，他们就不会喜欢我了。	1	2	3	4	5
5. 当与朋友争吵后，我会一直感到不舒服，直到讲和为止。	1	2	3	4	5

第四部分：移情问卷

描　述	选　项				
1. 当别人情绪低落时，我一般能察觉到。	1	2	3	4	5
2. 当别人受到惊吓时，我一般能察觉到。	1	2	3	4	5
3. 当别人和我诉说时，我一般能体会到他们情绪。	1	2	3	4	5

描　　述	选　　项				
4. 当他人高兴时,我一般能觉察到。	1	2	3	4	5
5. 和忧伤朋友相处后,我也会感到忧伤。	1	2	3	4	5
6. 看到恐怖片中的镜头,我会感到害怕。	1	2	3	4	5
7. 我很容易受到他人情绪感染。	1	2	3	4	5
8. 和我一起的朋友感到害怕,我也会觉得害怕。	1	2	3	4	5

附录6 少数民族大学生社会心理发展问卷

亲爱的同学：

您好！这是一份关于少数民族大学生社会心理发展的问卷，目的在于了解本校少数民族大学生的社会心理发展情况。此问卷主要用于学术研究，不会泄露您的个人信息，也不涉及任何其他用途。您的回答将为本研究提供宝贵资料，答案没有对错，请您根据实际情况真实填写。衷心感谢您的参与和协助。

注：1＝完全不符合　2＝很不符合　3＝不确定　4＝很符合　5＝完全符合

第一部分：个人信息

性　　别：男　　○　　　女　　○

籍　　贯：农村　○　　　县城　○

年　　级：大一　○　　　大二　○　　　大三　○

第二部分：校园经验投入

描　　述	选　　项				
1. 在大学中，我喜欢和本民族同学一起住。	1	2	3	4	5
2. 在大学中，我喜欢和本民族同学交朋友。	1	2	3	4	5
3. 在大学中，听到本民族语言会特别亲切。	1	2	3	4	5
4. 在大学中，我喜欢和汉族同学一起住。	1	2	3	4	5
5. 在大学中，我喜欢和汉族同学一起玩。	1	2	3	4	5
6. 在大学中，我喜欢用普通话和别人沟通。	1	2	3	4	5
7. 在大学中，我喜欢和辅导员搞好关系。	1	2	3	4	5

续　表

描　述	选　项				
8. 在大学中,我会和任课老师讨论人生发展规划。	1	2	3	4	5
9. 在大学中,我会经常和学生会干部请教讨论。	1	2	3	4	5
10. 我每天都会花很多时间在预习复习上。	1	2	3	4	5
11. 我每天都会抽出时间来进行学习。	1	2	3	4	5
12. 我每天都会去教室或图书馆自学。	1	2	3	4	5

第三部分：社会心理发展

描　述	选　项				
1. 进入大学后,我看事看人的想法更成熟了。	1	2	3	4	5
2. 进入大学后,我更加意识到人际关系的重要性。	1	2	3	4	5
3. 进入大学后,我会更加注意控制自己情绪。	1	2	3	4	5
4. 进入大学后,我会注意与其他人讲话沟通的方式。	1	2	3	4	5
5. 在大学中,我更倾向于自己解决学习生活中的困难。	1	2	3	4	5
6. 在大学中,我经常帮助其他学习生活有困难同学。	1	2	3	4	5
7. 在大学中,我会尝试和不喜欢的同学交朋友。	1	2	3	4	5
8. 在大学中,我不会去上不喜欢老师的课。	1	2	3	4	5
9. 进入大学后,我经常会想念家人和家乡。	1	2	3	4	5
10. 进入大学后,我会不断调整自己以适应新生活。	1	2	3	4	5
11. 我对于自己未来的人生规划有清晰的认识。	1	2	3	4	5
12. 我知道如何通过大学学习实现自己的人生目标。	1	2	3	4	5
13. 我会尊重那些与我生活习惯和价值观不同的同学。	1	2	3	4	5
14. 我觉得我正行走在自己人生的正确道路上。	1	2	3	4	5

附录7 少数民族大学生双向文化认同问卷

亲爱的同学:

　　您好!这是一份关于少数民族大学生双向文化认同的问卷,目的在于了解本校少数民族大学生的双向文化认同情况。此问卷主要用于学术研究,不会泄露您的个人信息,也不涉及任何其他用途。您的回答将为本研究提供宝贵资料,答案没有对错,请您根据实际情况真实填写。衷心感谢您的参与和协助。

注:1=完全不符合　2=很不符合　3=不确定　4=很符合　5=完全符合

第一部分:个人信息

性　　别:男　○　　　女　○

籍　　贯:农村　○　　　县城　○

年　　级:大一　○　　大二　○　　大三　○

第二部分:双向文化认同问卷

描　　述	选　　项				
1. 学好普通话和本民族语言对我很重要。	1	2	3	4	5
2. 了解本民族文化和本民族文化对我很重要。	1	2	3	4	5
3. 我既喜欢和说本民族语的人交朋友,也喜欢和说普通话的人交朋友。	1	2	3	4	5
4. 学好普通话要比学好本民族语言更重要。	1	2	3	4	5
5. 了解主流文化要比了解本民族文化更重要。	1	2	3	4	5
6. 我喜欢和说普通话的人交朋友,不喜欢和说本民族语言的人交朋友。	1	2	3	4	5

描　　　　述	选　　　　项				
7. 学好本民族语言要比学好普通话更重要。	1	2	3	4	5
8. 了解本民族语文化要比了解主流文化更重要。	1	2	3	4	5
9. 我喜欢和说本民族语言的人交朋友,不喜欢和说普通话的人交朋友。	1	2	3	4	5
10. 普通话和本民族语言我都不喜欢。	1	2	3	4	5
11. 本民族文化和主流文化我都不喜欢。	1	2	3	4	5
12. 不管是说普通话的还是说本民族语言的,我都不愿意和他们交朋友。	1	2	3	4	5

第三部分：双语态度问卷

描　　　　述	选　　　　项				
1. 本民族语言很好听。	1	2	3	4	5
2. 本民族语言很亲切。	1	2	3	4	5
3. 本民族语言很友善。	1	2	3	4	5
4. 说本民族语言很有文化。	1	2	3	4	5
5. 说本民族语言很有地位。	1	2	3	4	5
6. 说本民族语言很有教养。	1	2	3	4	5
7. 用本民族语言与人沟通很方便。	1	2	3	4	5
8. 用本民族语言与人沟通好处多。	1	2	3	4	5
9. 用本民族语言有利于与人交流。	1	2	3	4	5
10. 普通话很好听。	1	2	3	4	5
11. 普通话很亲切。	1	2	3	4	5
12. 普通话很友善。	1	2	3	4	5

续　表

描　　述	选　　项				
13. 说普通话很有文化。	1	2	3	4	5
14. 说普通话很有地位。	1	2	3	4	5
15. 说普通话很有教养。	1	2	3	4	5
16. 用普通话与人沟通很方便。	1	2	3	4	5
17. 用普通话与人沟通好处多。	1	2	3	4	5
18. 用普通话有利于与人交流。	1	2	3	4	5

参 考 文 献

[1] Agnieszka，L.，Katarzyna，T. & Sandra，B. 2020. Empathy，resilience，and gratitude-doesgender make a difference? [J]. *Anales De Psicologia*，36(3)：521 - 532.

[2] Akbari E，Naderi A & Simons R J. 2016. Student engagement and foreign language learning through online social networks[J]. *Asian-Pacific Journal of Second and Foreign Language Education*，1(1)：1 - 22.

[3] Albrechtsen H，Andersen H & Bodker S. 2001. *Affordances in Activity Theory and Cognitive Systems Engineering*[M]. Denmark：Forskningscenter Risoe.

[4] Alex，M. et al. 2008. The role of gratitude in the development of social support，stress，and depression：two longitudinal studies[J]. Journal of Research in personality，42(1)：854 - 871.

[5] Anton，W.D. & Reed J.R. 1991. *College Adjustment Scales，professional manual*[M]. Odessa，FL：Psychological Assessment Resources.

[6] Aronin，L. & Singleton，D. 2010. Affordances and the diversity of multilingualism[J]. *International Journal of the Sociology of Language*，41(5)：105 - 129.

[7] Aunola，K.，Stattin，H. & Nurmi，J. E. 2000. Adolescents' achievement strategies，school adjustment，and externalizing and internalizing problem behaviors[J]. *Journal of Youth & Adolescence*，29(3)：289 - 306.

[8] Baker FW. 2012. Media literacy：21st century learning[J]. Library Media Connection，201(1)：4 - 10.

[9] Baker，R. W. & Siryk，B. 1999. *SACQ: Student Adaptation to College Questionnaire Mannual*[M]. Los Angeles：Western Psychological Services.

[10] Balwant，P. 2017. The meaning of student engagement and disengagement in

the classroom context: lessons from organisational behavior[J]. *Journal of Further and Higher Education*, (42)3: 1 – 13.

[11] Bandura, A. 2001. Social cognitive theory: an agentic perspective[J]. *Annual review of psychology*, 52(1): 1 – 26.

[12] Bandura, A. 2000. *Self-efficacy: the Exercise of Control*[M]. New York: Freeman.

[13] Baker, J.A. 2006. Contributions of teacher-child relationships to positive school adjustment during elementary school[J]. *Journal of School Psychology*, 44(3): 211 – 229.

[14] Barrera, M. 1986. Distinctions between Social Support concepts measures and models[J]. *American Journal of Community Psychology*, 14(1): 413 – 445.

[15] Barrett, L., Dunbar, R., & Lycett, J. 2002. *Human Evolutionary Psychology*[M]. Princeton, NJ: Princeton University Press.

[16] Bart, O., Hajami, D. & Bar-Haim, Y. 2010. Predicting school adjustment from motor abilities in kindergarten[J]. Infant & Child Development, 16(6): 597 – 615.

[17] Bar-Tal, D., Raviv, A., & Shavit, N. 1981. Motives for helping behavior: kibbutz and city children in kindergarten and school [J]. *Developmental Psychology*, 17(6): 766 – 772.

[18] Batson, C. D. 1987. Prosocial motivation: Is it ever truly altruistic? [J]. *Advances in Experimental Social Psychology*, 20(1): 65 – 122.

[19] Batson, C.D. et al. 1995. Empathy and the collective good: Caring for one of the others in a social dilemma [J]. *Journal of Personality and Social Psychology*, 68(4), 619 – 631.

[20] Batson, C. D. et al. 2007. An additional antecedent of empathic concern: Valuing the welfare of the person in need[J]. *Journal of Personality and Social Psychology*, 93(1): 65 – 74.

[21] Batson, C. D. 1987. Prosocial motivation: is it ever truly altruistic? [J]. *Advances in Experimental Social Psychology*, 20(1): 65 – 122.

[22] Batson, C. D. 1987. Self-report ratings of empathic emotion [A]. In N. Eisenberg & J. Strayer (eds.). *Empathy and Its Development* [C]. New York: Cambridge University Press.

[23] Batson, C. D., Thompson, E. R. & Chen, H. 2002. Moral hypocrisy: Addressing some alternatives[J]. *Journal of Personality and Social Psychology*, 83(2), 330 – 339.

[24] Batson,C.D. et al. 1995. Information function of empathic emotion: learning that we value the other's welfare[J]. *Journal of Personality and Social Psychology*, 68(2): 300 – 313.

[25] Bauer, TN & Green, SG. Testing the combined effects of newcomer information seeking and manager behavior on socialization[J]. *Journal of Applied Psychology*, 1998(1): 72 – 83.

[26] Bayram, O. S. 2018. Adolescents' engagement in ethnic harassment: Prejudiced beliefs in social networks and classroom ethnic diversity [J]. *Journal of Youth and Adolescence*, 6(6): 1151 – 1163.

[27] Bekkers, R. 2000. Participation in voluntary associations: Relations with resources, personality, and political values[J]. *Political Psychology*, 26(3): 439 – 454.

[28] Bell, A. 1984. Language style as audience design[J]. *Language in Society*, (13): 145 – 204.

[29] Benson, P. *Teaching and Researching Autonomy in Language Learning*[M]. Peiking: Foreign Language Teaching and Research Press, 2005.

[30] Berkowitz, L. 1972. Social norms, feelings, and other factors affecting helping and altruism [J]. *Advances in Experimental Social Psychology*, 6 (1): 63 – 108.

[31] Berry, J.W. 1980. Acculturation as varieties of adaptation[A]. In Padilla A.M. (eds.). *Acculturation: Theory, Models, and Some New Findings* [C]. Boulder, CO: Westview Press.

[32] Berry, J. W. 2005. Acculturation: living successfully in two cultures [J]. International Journal of Intercultural Relations, (6): 697 – 712.

[33] Bilde, J. D., Vansteenkiste, M. & Lens, W. 2001. Understanding the association between future time perspective and self-regulated learning through the lens of self-determination theory[J]. *Learning & Instruction*, (3): 332 – 344.

[34] Birman, D. 1998. Biculturalism and perceived competence of Latino immigrant adolescents[J]. *American Journal of Community Psychology*, (3): 335 – 354.

[35] Black, J. S. & Mendenhall, M. 1991. The U-curve adjustment hypothesis revisited: a review and theoretical framework[J]. *Journal of International Business Studies*, 22(1): 225 – 247.

[36] Blumenthal, J.A. et al. 1987. Social support, type A behavior, and coronary

artery disease[J]. *Psychosomatic Mesicine*, 49(1): 331 - 340.

[37] Bono, F. & Bausert, D. 2019. Gratitude's role in adolescent antisocial and prosocial behavior: A 4-year longitudinal investigation[J]. *Journal of Positive Psychology*, 14(2): 230 - 243.

[38] Bouzaabia, Z., Saguem, B.N. & Ben, N.S. 2020. Empathy, quality of life, perceived stress and social support among tunisian psychiatry trainees[J]. *European Psychiatry*, 63(1): 271 - 272.

[39] Boyce, P. & Parker, G. 1989. Development of a scale to measure interpersonal sensitivity[J]. *Australian and New Zealand Journal of Psychiatry*, 23(3): 1 - 1.

[40] Bronfenbrenner, U.1981. *The Ecology of Human Development: Experiments by Nature and Design*[M]. Cambridge, MA: Harvard University Press.

[41] Bronfenbrenner, U. 1986. Ecology of the family as a context for human development: research perspectives[J]. *Developmental Psychology*, 22(6): 723 - 742.

[42] Bruno F, Vercellesi L. Science information in the media: an academic approach to improve its intrinsic quality[J]. *Pharmacological Research the Official Journal of the Italian Pharmacological Society*, 2002(1): 51 - 54.

[43] Calvo, A.J., González, R., & Martorell, M.C. 2001. Variables relacionadas con la conducta prosocial en la infanciay adolescencia: Personalidad, autoconceptoy género[J]. *Infanciay Aprendizaje*, 24(1): 95 - 111.

[44] Campbell, D.T. 1972. On the genetics of altruism and the counter—hedonic components in human culture[J]. *Journal of Social Issues*, 28(3): 21 - 37.

[45] Cano, A. & Williams, A.C. 2010. Social interaction in pain: Reinforcing pain behaviors or building intimacy? [J]. *Pain*, 149(1): 9 - 11.

[46] Cao, X. & Chen, L. 2019. Relationships among social support, empathy, resilience and work engagement in haemodialysis nurses[J]. *International Nursing Review*, 66(3): 366 - 373.

[47] Carlo, G. & Randall, B. A. 2001. Are all prosocial behaviors equal? A socioecological developmental conception of prosocial behavior[A]. In F. Columbus (eds.). *Advances in psychology Research* [C]. New York: Nova Science.

[48] Carlo, G. et al. 1991. Cognitive processes and prosocial behaviors among children: the role of affective attributions and reconciliations[J]. *Developmental Psychology*, 27(1): 456 - 461.

[49] Carlo, G. & Randall, B. A. 2002. The development of a measure of prosocial

behaviors for late Adolescents[J]. *Journal of Youth and Adolescence*, 31(1): 31 – 44.

[50] Chapman, E. et al. 2006. Fetal testosterone and empathy: evidence from the empathy quotient (EQ) and the "reading the mind in the eyes" test[J]. *Social Neuroscience*, 1(2): 135 – 148.

[51] Chen Y &. Kraklow D. 2015. Taiwanese college students' motivation and engagement for English learning in the context of internationalization at home: a comparison of students in EMI and Non-EMI programs[J]. *Journal of Studies in International Education*, 19(1): 46 – 64.

[52] Chen, L. et al. 2020. Emotional warmth and cyberbullying perpetration attitudes in college students: mediation of trait gratitude and empathy[J]. *Plos One*, 15(7): 35 – 47.

[53] Cheng, Y. M. 2015. Towards an understanding of the factors affecting m-learning acceptance: roles of technological characteristics and compatibility[J]. *Asia Pacific Management Review*, 24(3): 109 – 119.

[54] Chickering, A. W. &. Reisser, L. 1993. *Education and Identity*[M]. San Francisco: Jossey-Bass.

[55] Coie, K. 1990. Preadolescent peer status, aggression, and school adjustment as predictors of externalizing problems in adolescence[J]. *Child Development*, 61(5): 1350 – 1362.

[56] Coke, J. S., Batson, C. D. &. McDavis, K. 1978. Empathic mediation of helping: a two-stage model[J]. *Journal of Personality and Social Psychology*, 36(7): 752 – 766.

[57] Cooper, S. M., Burnett, M., Golden, A., Butler-Barnes, S. &. Inniss-Thompson, M. 2022. School discrimination, discipline inequities, and adjustment among Black adolescent girls and boys: an intersectionality-informed approach[J]. *Journal of Research on Adolescence*, 1(1): 170 – 190.

[58] Cornell, S.E. &. Hartmann, D. 2007. *Ethnicity and Race: Making Identities in a Changing World*[M]. London: Saga.

[59] Corno, L. 2001. Volitional aspects of self-regulated learning[A]. In B. J. Zimmerman &. D.H. Schunk (eds.). *Self-regulated Learning and Academic Achievement: Theoretical Perspectives*[C]. Mahwah, NJ: Local Education Agency.

[60] Corno, L. 2001. Volitional aspects of self-regulated learning. In B. J. Zimmerman &. D. H. Schunk (eds.). *Self-regulated Learning and Academic*

Achievement: Theoretical Perspectives. Mahwah, NJ: Local Education Agency.

[61] Corsini, R. J. & Uehling, H. F. 1954. A cross validation of Davidson's Rorschach Adjustment Scale. *Journal of Consulting Psychology*, 18(4): 277 -279.

[62] Cortazzi, M & Jin, L. 1997. *Communication for Learning across Cultures* [M]. Berlin: Routledge.

[63] Davis, F. 1989. Perceived usefulness, perceived ease of use, and user acceptance of information technology[J]. *MIS Quarterly*, 13(3): 319 – 340.

[64] Davis, M.H. 1983. Measuring individual differences in empathy: evidence for a multidimensional approach[J]. *Journal of Personality & Social Psychology*, 44(1): 113 – 126.

[65] Day, D. & Lloyd, M. 2007. Affordance of online technologies: more than the properties of the technology[J]. *Australian Educational Computing*, 22(2): 17 – 21.

[66] Dennis, J.M., Phinney, J.S. & Chuateco, L.I. 2005. The role of motivation, parental support, and peer support in the academic success of ethnic minority first-generation college students. *Journal of college student development*, 46 (3): 223 – 236.

[67] Earley, P.C. & Ang, S. 2003. *Cultural Intelligence: Individual Interactions across Cultures*[M]. Stanford: Stanford University Press.

[68] Eren, A. 2009. Exploring the effects of changes in future time perspective and perceived instrumentality on graded performance. *Electronic Journal of Research in Educational Psychology*, (3): 1217 – 1248.

[69] Erikson, E. 1968. *Identity: Youth and Crisis*[M]. New York: Norton.

[70] Evans, N. J., Forney, D. S., & Guido-DiBrito, F. 1998. *Student Development in College: Theory, Research and Practice*[M]. San Francisco: Jossey-Bass.

[71] Fan, Y. et al. 2011. Is there a core neural network inempathy? An fMRI based quantitative meta-analysis[J]. *Neuroscience & Biobehavioral Reviews*, 35(3): 903 – 911.

[72] Felix-Ortiz, M., Newcomb, M.D. & Myers, H. 1994. A multidimensional measure of cultural identity for Latino and Latina adolescents[J]. *Hispanic Journal of Behavioral Sciences*, 2(2): 99 – 115.

[73] Fieulaine, N. & Apostolidis, T. 2015. *Precariousness as a Time Horizon: How Poverty and Social Insecurity Shape Individuals' Time Perspectives*

[M]. Berlin: Springer International Publishing.

[74] Fredricks, J. A., Blumenfeld, P. C. & Paris, A. 2004. School engagement: potential of the concept, state of the evidence[J]. *Review of Educational Research*, 74(1): 59 – 109.

[75] Frenken, K. 2005. *Innovation, Evolution and Complexity Theory* [M]. Edward Elgar Publishing: Cheltenham.

[76] Fuertes, J. N., Sedlacek, W. E. & Liu, W. M. 1994. Using the SAT and noncognitive variables to predict the grades and retention of Asian American university students [J]. *Measurement and Evaluation in Counseling and Development*, 27(2): 74 – 84.

[77] Giddens, A. 1991. *Modernity and Self-identity* [M]. Cambridge: Polity Press.

[78] Gossett, B. J., Cuyjet, M. J. & Cockriel, I. 1998. African Americans' perception of marginality in the campus culture[J]. *College Student Journal*, 61(1): 22 – 32.

[79] Gudykunst, W. B. 1998. Applying anxiety/uncertainty management theory to intercultural adjustment training[J]. *International Journal of Intercultural Relations*, 22(2): 227 – 250.

[80] Guinee, J. P. 1998. Erikson's Life Span Theory: A Metaphor for Conceptualizing the Internship Year[J]. *Professional Psychology: Research & Practice*, 6(6): 615 – 615.

[81] Gupta, M. & Tripathy, J. P. 2015. Psychosocial problems among young high school adolescents in Chandigarh, North India[J]. *Indian Journal of Public Health Research & Development*, 1(1): 11 – 15.

[82] Harklau, L. 2000. From the "Good Kids" to the "Worst": representations of English language learners across educational settings[J]. *TESOL Quarterly*, 34(34): 35 – 67.

[83] Hayes, P. & Weibelzahl, S. 2016. *Text Messaging for Out- of- Class Communication: Impact on Immediacy and Affective Learning*[M]. Singapore: Springer.

[84] Hedber, J. G. 2006. E-learning futures? speculations for a time yet to come[J]. *Studies in Continuing Education*, 28(2): 171 – 183.

[85] Hong, Y. Y. et al. 2001. Cultural identity and dynamic construction of the self: Collective duties and individual rights in Chinese and American cultures[J]. *Social Cognition*, 19(19): 251 – 268.

[86] Honk，J. V.，Schutter，D.，Bos，P.，Kruijt，A.，Lentjes，E. & Baroncohen，S. 2011. Testosterone administration impairs cognitive empathy in women depending on second-to-fourth digit ratio[J]. *Proceedings of the National Academy of Sciences of the United States of America*，108(1)：3448-3452.

[87] Hurtado，S.1992. The campus racial climate：context for conflict[J]. *Journal of Higher Education*，5(5)：539-569.

[88] Kondo-Brown，K. 2006. *Heritage Language Development: Focus on East Asian Immigrants*[M]. Armsterdam：John Benjamins Publishing Company.

[89] Kosnin，A. M. 2007. Self-regulated learning and academic achievement in Malaysian undergraduates[J]. *International Education Journal*，1（1）：221-228.

[90] Krashen，S. 1998. Heritage language development：some practical arguments [A]. In S. Krashen，Ts. Lucy & J. McQuillan. *Heritage Language Development*[C]. Culver City：Language Education Associates.

[91] Krebs，D. & Van Hesteren，F. 1994. The development of altruism：toward an integrative model[J]. *Developmental Review*，14(2)：103-158.

[92] Labov，W. 1996. When intuitions fail[J]. *Papers from the 32nd Regional Meeting of the Chicago Linguistics Society*，32(32)：76-106.

[93] Lam，W. S. E. 2004. Second language socialization in a bilingual chat room：global and local considerations[J]. *Language Learning & Technology*，3(32)：44-65.

[94] Lantoff，J. P. 2000. *Sociocultural Theory and Second Language Learning* [M]. Oxford：Oxford University Press.

[95] Lee，M.C. 2010. Explaining and predicting users' continuance intention toward e-learning：An extension of the expectation-confirmation model [J]. *Computers & Education*，54(2)：506-516.

[96] Livingstone，S. & Bovill，M. 2001. *Children and Their Changing Media Environment: A European Comparative Study*. Hillsdale：Lawrence Erlbaum Associates.

[97] Loveless，M. 2010. Understanding media socialization in democratizing countries：mobilization and malaise in central and eastern Europe[J]. *Comparative Politics*，4(4)：457-474.

[98] Lui，K. F. & Wong，A. C. 2012. Does media multitasking always hurt? A positive correlation between multitasking and multi-sensory integration[J]. *Psychonomic Bulletin & Review*，19(4)：647-653.

[99] Makarova, E. 2021. School adjustment of ethnic minority youth: A qualitative and quantitative research synthesis of family-related risk and resource factors [J]. *Educational Review*, 1(1): 1 – 24.

[100] Martin, L. M. 2000. The relationship of college experiences to psycho-social outcomes in students[J]. *Journal of College Student Development*, 3(3): 294 – 303.

[101] McLellan, K. & Jackson, L. 2017. Personality, self-regulated learning, and academic entitlement[J]. *Social Psychology of Education*, 1(1): 159 – 178.

[102] Megee, M. 1997. Students need media literacy: The new basic[J]. *Education Digest*, 1(1): 23 – 26.

[103] Merker, B. M. & Smith, J. V. 2001. Validity of the MMPI-2 College Maladjustment Scale[J]. *Journal of College Counseling*, 4(1), 3 – 9.

[104] Montrul, S. 2011. Introduction: Spanish heritage speakers: bridging formal linguistics, psycholinguistics and pedagogy[J]. *Heritage Language Journal*, 1(1): 90 – 133.

[105] Neitzel, C. & Connor, L. 2018. An investigation of the stability and variability in young children's self-regulated learning behaviors in kindergarten[J]. *Journal of Educational Research*, 1(1): 58 – 65.

[106] Neitzel, C & Connor, L. 2018. An investigation of the stability and variability in young children's self-regulated learning behaviors in kindergarten[J]. *Journal of Educational Research*, 1(1): 405 – 424.

[107] Nejmeh, B. 2012. *Engaging Engineering Students in a Development Program for a Global South Nation through Service-Learning*[M]. Piscataway: Wiley-IEEE Press.

[108] Nelson, S.K., Layous, K., Cole, S.W. & Lyubomirsky, S. 2016. Do Unto Others or Treat Yourself? The Effects of Prosocial and Self-Focused Behavior on Psychological Flourishing[J]. *Emotion*, 16(1): 850 – 861.

[109] Newman, B. M. & Newman, P. R. 1995. *Development through Life: A Psychosocial Reproach*[M]. Pacific Grove, CA: /Cole Publishing Company.

[110] Newman, R.S. & Goldin, L. 1990. Children's reluctance to seek help with schoolwork. *Journal of Educational Psychology*, 1(1): 92 – 100.

[111] Pancer, S.M. & Hunsberger, B. 2000. Cognitive complexity of expectation and adjustment to university in the first year[J]. *Journal of Adolescent Research*, 15(1): 38 – 57.

[112] Pawan, F, Paulus, T.M. & Yalcin, S. 2003. Online learning: Patterns of

engagement and interaction among in-service teachers[J]. *Language Learning & Technology*, 7(3): 119 - 140.

[113] Peyton, J. K. E., Ranard. D. A. E. & Mcginnis, S. E. 1990. *Heritage Languages in America: Preserving a National Resource*[M]. Crystal Lake: Delta Systems Company Inc.

[114] Rodgers, R. F. 1990. Recent theory and research underlying student development[A]. In D. G. Creamer (eds.). *College Student Development: Theory and Practice for the 1990s*[C]. Alexandria, VA: American College Personnel Association.

[115] Savoji, A. P, Niusha, B. & Boreiri, L. 2013. Relationship between epistemological beliefs, self-regulated learning strategies and academic achievement[J]. *Procedia-Social and Behavioral Sciences*, 84(84): 1160 - 1165.

[116] Sherry, JL. 2004. Flow and media enjoyment[J]. *Communication Theory*, 4 (4): 328 - 347.

[117] Shin, F. & Krashen, S. 1998. Do people appreciate benefits of advanced first language development? Attitudes towards continuing first language development after "translation" [A]. In S. Krashen, Ts. Lucy & J. McQuillan (eds.) *Heritage Language Development*[C]. Culver City: Language Education Associates,.

[118] Singer, T. & Lamm, C. 2009. The social neuroscience of empathy[J]. *Annals of the New York Academy of Sciences*, 56(1): 81 - 96.

[119] Singer, T. 2006. The neuronal basis and ontogeny of empathy and mind reading: Review of literature and implications for future research[J]. *Neuroscience and Biobehavioral Reviews*, 30(6): 855 - 863.

[120] Sperber, D. & Wilson, D. 2001. *Relevance: Communication and Cognition* [M]. Beijing: Foreign Language Teaching and Research Press.

[121] Stanley, L.R., Comello, M. L.G., Edwards, R.W. & Marquart, B.S. 2008. School adjustment in rural and urban communities: do students from "Timbuktu" differ from their "City Slicker" peers? [J]. *Journal of Youth and Adolescence*, 37(2): 225 - 238.

[122] Stephan, W. G. & Finlay, K. 1999. The role of empathy in improving intergroup relations. *Journal of Social Issues*, 55(4): 729 - 743.

[123] Suazo, C. M. 2020. Moral Sensitivity, empathy and prosocial behavior: implications for humanization of nursing care[J]. *International Journal of*

Environmental Research and Public Health, 17(23): 89 - 114.

[124] Sun, L. & Yang, D.P. 2014. Adoption of different strategies in diversity-optimized populations promotes cooperation [J]. *Physica A: Statistical Mechanics and its Applications*, 394(1): 158 - 165.

[125] Sun, Z. et al. The role of self-regulated learning in students' success in flipped undergraduate math courses[J]. *The Internet and Higher Education*, 2018, (36): 41 - 53.

[126] Tajfel, H. 1992. Social psychology of inter-group relations [J]. *Annual Review of Psychology*, (33): 1 - 39.

[127] Terrell, I.W., Pasternak, R.H., Crosby, R.A. & Salazar, L. 2014. Desire to father a child and condom use: a study of young black males at risk of sexually transmitted Infections[J]. *Journal of Adolescent Health*, 54(2): 62 - 63.

[128] Thorne, SL, Black, RW & Sykes, JM. 2009. Second language use, socialization, and learning in internet interest communities and online gaming [J]. *Modern Language Journal*, 1(1): 802 - 821.

[129] Tian, L., Chu, S. & Huebner, E.S. 2016. The chain of relationships among gratitude, prosocial behavior and elementary school students school satisfaction: the role of school affect[J]. *Child Indicators Research*, 9(2): 515 - 532.

[130] Tinto, V. 1993. *Leaving College: Rethinking the Causes and Cures of Student Attrition*[M]. Chicago: University of Chicago Press.

[131] Trivers, R. L. 1971. The evolution of reciprocal altruism [J]. *Quarterly Review of biology*, 11(1): 35 - 57.

[132] Trudgill, P. 1979. *The Social Differentiation of English in Norwich*[M]. Cambridge: Cambridge University Press.

[133] Tsang, J. A. 2006. Brief report gratitude and prosocial behavior: an experimental test of gratitude[J]. *Cognition and Emotion*, 20(1): 138 - 148.

[134] Tugade, M.M. & Fredrickson, B.L. 2004. Resilient individuals use positive emotions to bounce back from negative emotional experiences[J]. *Journal of Personality and Social Psychology*, 86(2): 320 - 333.

[135] Twenge, J.M. et al. 2007. Social exclusion decreases prosocial behavior[J]. *Journal of Personality and Social Psychology*, 92(1): 56 - 66.

[136] Vygotskii, L.S. *Mind in Society: the Development of Psychological*[M]. Boston: Harvard University Press, 1978.

[137] Walker, S. & Graham, L. 2021. At risk students and teacher-student relationships: student characteristics, attitudes to school and classroom climate[J]. *International Journal of Inclusive Education*, 25(8): 896 – 913.

[138] Wedekind, C. & Braithwaite, V.A. 2002. The long-term benefits of human generosity in indirect reciprocity[J]. *Current Biology*, 12(12): 1012 – 1015.

[139] Weinstein, C.E. & R.E. Mayer. 1986. The teaching of learning strategies[A]. In M. Wittrock (eds.). *Handbook of Research on Teaching*[C]. New York: Macmillan.

[140] West, S.A., Griffin, A.S. & Gardner, A. 2007. Social semantics: Altruism, cooperation, mutual ism, strong reciprocity and group selection[J]. *Journal of Evolutionary Biology*, 20(2): 415 – 432.

[141] Wilson, E.O. 1976. The war between the words: Biological versus social evolution and some related issues: genetic basis of behavior-especially of altruism[J]. *American Psychology*, 31(1): 370 – 371.

[142] Wong, K.F. & Xiao, Y. 2010. Diversity and difference: identity issues of Chinese heritage language learners from dialect backgrounds[J]. *Heritage Language Journal*, (7): 153 – 187.

[143] Wood, A.M., Joseph, S. & Maltby, J. 2008. Gratitude uniquely predicts satisfaction with life: Incremental validity above the domains and facets of the five factor model[J]. *Personality and Individual Differences*, 45 (1): 49 – 54.

[144] Worthen, V.E. & Isakson, R.L. 2007. The therapeutic value of experiencing and expressing gratitude[J]. *Issues in Religion and Psychotherapy*, 31(1): 33 – 46.

[145] Young, M., Guan, Y. & Toman, J. 2000. Agen as detector: an ecological psychology perspective on learning by Perceiving-Acting System[A]. In Fishman B & O'Conno S (eds.). *Proceedings of the Forth International Conference of the Learning Science*[C]. Mahwah, NJ: Erlbaum.

[146] Zhang, W., Johnson, TJ. & Seltzer, T. 2010. The revolution will be networked the influence of social networking sites on political attitudes and behavior[J]. *Social Science Computer Review*, 1(1): 72 – 95.

[147] Zimmerman, B.J. 1989. A social cognitive view of self- regulate academic learning[J]. *Journal of Educational Psychology*, 3(3): 329 – 333.

[148] Zimmerman, B. J. 2000. Attaining self-regulation: a social-cognitive perspective[A]. In M. Boekaerts & P.R. Pintrich (eds.). *Handbook of Self-*

regulation［C］. San Diego：Academic Press.

［149］Zimmerman，B. J. 1989. Models of self-regulated learning and academic achievement［A］. In B.J. Zimmerman & D.H. Schunk(eds.). *Self-regulated Learning and Academic Achievement: Theory，Research and Practice*［C］. New York：Springer-Verlag.

［150］白亮.2006.文化适应对少数民族大学生心理健康的影响［J］.民族教育研究，(3)：81－84.

［151］包根胜.2016.文化的多元与少数民族大学生的心理适应［J］.贵州民族研究，(5)：211－214.

［152］鲍鹏飞.2015.网络社会虚拟化实践与道德话语权建构［J］.佳木斯大学社会科学学报，(6)：62－64.

［153］蔡晨，田洋.2018.校园经验投入对恩施土家族大学生心理社会发展之影响［J］.民族教育研究，(2)：80－85.

［154］蔡晨.2016.城镇化进程中青年语言选择的社会心理机制［J］.当代青年研究，(1)：71－77.

［155］蔡晨.2018.新型城镇化进程中的城乡语言生态比较研究［M］.杭州：浙江大学出版社.

［156］蔡晨.2021.不同网络环境下的英语学习投入比较及与听力水平的关系研究［J］.解放军外国语学院学报，(3)：93－101.

［157］蔡晨.2017.新媒体语境下大学生对商业广告的媒体识读表现——基于在校大学生问卷调查的分析及教学建议［J］.浙江树人大学学报，(4)：98－102.

［158］常永才.2004.影响少数民族大学生心理适应的生活事件：对北京高校的调查研究［J］.民族教育研究，(2)：26－32.

［159］陈·巴特尔.2019.多样性视野下的少数民族高等教育发展［J］.中国民族教育，(11)：13－13.

［160］陈静，陈吉颖，郭凯.2021.混合式学术英语写作课堂中的学习投入研究［J］.外语界，(1)：28－36.

［161］陈锡敏.2012.当代大学生社会化探析［M］.北京：首都经济贸易大学出版社.

［162］陈向明.1998.旅居者和外国人——留美中国学生跨文化人际交往研究［M］.北京：北京师范大学出版社.

［163］陈勇，万瑾.2009.网络环境中青少年学生社会化影响因素的变化［J］.青年学报，(4)：25－27.

［164］陈真真.2019.智能手机辅助外语课堂教学中的学习投入研究［J］.外语电化教学，(3)：49－54.

［165］陈枝烈.1998.台湾原住民教育［M］.台北：师大书苑有限公司.

[166] 陈志恒,林清文.2008.国中学生自我调整学习量表策略量表的编制及效度研究[J].辅导与咨商学报,(2)：1－36.

[167] 迟毓凯.2009.亲社会行为启动效应研究[M].广州：广东人民出版社.

[168] 戴留喜,鲍晓艳.2007."多元文化整合教育理论"对民族教育的启示[J].内蒙古农业大学学报,(2)：193－195.

[169] 费梅苹.2010.次生社会化：偏差青少年边缘化的社会互动过程研究[M].上海：上海人民出版社.

[170] 风笑天.2005.青少年社会化：理论探讨与经验研究述评[J].青年研究,(3)：1－8.

[171] 高俊.2007.云南少数民族大学新生心理健康调查与分析[J].昆明大学学报,(2)：107－109.

[172] 高一虹,李玉霞,边永卫.2008.从结构观到建构观：语言与认同研究综观[J].语言教学与研究,(1)：19－26.

[173] 高一虹.1998.跨文化交际能力的"道"与"器"[J].语言教学与研究,(3)：39－53.

[174] 何莲珍,林晓.2015.高等教育环境下外语交际能力的培养——现实困顿和解决途径[J].现代外语,(1)：83－92.

[175] 洪晖钧,杨叔卿.2014.手持载具之英文字版连线游戏系统设计以增强国民小学英文词汇学习投入与成效之研究[J].数位学习科技期刊,(2)：1－24.

[176] 侯静.2013.高中生学校适应量表的编制[J].中国临床心理学杂志,(3)：385－389.

[177] 胡增宁,常怡.2019.移动学习情境下英语口语交际意愿研究[J].语言教育,(2)：22－28.

[178] 黄涛.2019.社会化理论视角下当代大学生思政工作创新机制模式研究[J].四川民族学院学报,(6)：52－55.

[179] 黄万盛.2006.大同的世界如何可能[J].开放时代,(4)：49－53.

[180] 黄玉.2000.大学学生事务的理论基础——台湾大学生心理社会之发展[J].公民训育学报,(10)：161－200.

[181] 黄育馥.1986.人与社会——社会化问题在美国[M].沈阳：辽宁人民出版社.

[182] 黄昭动,林雅芸.2009.原住民学生生涯困境与展望[J].国民教育,(4)：97－103.

[183] 贾非,赵斌竹,李志创.2019.混合学习与在线学习对学生投入度的影响——学习环境为视角[J].复旦教育论坛,(5)：55－61.

[184] 蒋忠.2009.校园文化建设与中小学生心理健康成长[J].教书育人,(8)：65－66.

［185］金军伟,张振新.2007.自我调节学习研究的新进展［J］.常州工学院学报,(4)：30－33.

［186］克雷明.2009.学校的变革［M］.济南：山东教育出版社.

［187］寇彧,洪慧芳,谭晨,李磊.2007.青少年亲社会倾向量表的修订［J］.心理发展与教育(1)：112－117.

［188］寇彧,张庆鹏.2017.青少年亲社会行为促进：理论与方法［M］.北京：北京师范大学出版社.

［189］寇彧,付艳,张庆鹏.2007.青少年认同的亲社会行为：一项焦点群体访谈研究［J］.社会学研究,(3)：154－173.

［190］李伯超.1998.大学生心理社会发展需求评估量表的信度与效度研究［J］.教育心理学报,(2)：169－175.

［191］李德福.2014.内地普通高校少数民族大学生适应问题研究［J］.学校党建与思想教育,(2)：58－60.

［192］李广庆.2005.虚拟社会化进程中的青少年网络道德教育［J］.河南社会科学,(6)：117－119.

［193］李红婷,滕星.2020.倡导多元文化整合教育理论,培育中华民族共同体意识［J］.当代教育与文化,(6)：17－23

［194］李虹,侯春娜.2012.文化认同：少数民族文化传承与发展的时代诉求［J］.中国教育学刊,(6)：11－12.

［195］李辉.2010.大学生环境适应优化理论与方法［M］.北京：人民出版社.

［196］李晴蕾,王怀勇.2019.社会压力与决策角色对不同人际敏感性个体助人决策的影响［J］.心理科学,(3),626－632.

［197］李爽,喻忱.2015.远程学生学习投入评价量表编制与应用［J］.开放教育研究,(6)：64－72.

［198］李思萦,高原.2016.移动技术辅助外语教学对英语词汇习得有效性的实证研究［J］.外语界,(4)：73－81.

［199］李彤彤,武法提.2016.网络学习环境的给养分析与具体化描述［J］.现代远程教育研究,(5)：39－49.

［200］李言成.2013.校园物质文化建设与学生健康人格培养——论校园环境育人［J］.理论观察,(11)：120－121.

［201］李一.2014.网络社会治理的目标取向和行动原则［J］.浙江社会科学,(12)：87－93.

［202］梁晶晶.2017.大学生感恩价值观、移情与亲社会行为的关系研究［D］.南京：南京师范大学.

［203］刘豪兴,朱少华.1983.人的社会化［M］.上海：上海人民出版社.

[204] 刘豪兴.1993.人的社会化[M].上海：上海人民出版社.

[205] 刘江.2019.在台陆生学习适应性及影响因素分析[J].台湾研究集刊,(2)：31－43.

[206] 刘若兰,黄玉.2005.大专原住民学生校园经验与族群认同、心理社会发展之关系[J].新竹教育大学学报,(4)：1－33.

[207] 刘诗榕,周榕.2019.高中生词汇学习自我调节能力与二语词汇习得关系探究[J].宁波教育学院学报,(2)：130－134.

[208] 刘双.2000.文化身份与跨文化传播[J].外语学刊,(1)：87－91.

[209] 刘晓红,郭继东.2018.翻转课堂模式下英语学习投入与成绩的关系[J].杭州电子科技大学学报,(5)：63－68.

[210] 刘晓华,刘晓鹰.2016.基于 PAC 理论的少数民族大学生心理危机应对策略研究——以重庆市 6 所职业院校土家族学生为例[J].贵州民族研究,(10)：227－231.

[211] 刘晓艳.2013.少数民族大学生英语自主学习能力研究[J].黑龙江民族丛刊,(5)：184－189.

[212] 刘珍等.2012.大学生二语自我、焦虑和动机学习行为的结构分析[J].外语界,(6)：30－39.

[213] 刘志军.2004.高中生的自我概念与其学校适应[J].心理科学,(1)：217－219.

[214] 刘中起,风笑天.2004.虚拟社会化与青少年角色认同实践研究[J].黑龙江社会科学,(2)：109－112.

[215] 楼仁功,潘娟华.2006.大学生心理危机预防与干预机制探究[J].中国高教研究,(6)：52－53.

[216] 卢谢峰.2003.大学生适应性量表的编制与标准化[D].武汉：华中师范大学.

[217] 庞亚玲.2021.大学生亲社会行为的影响因素及作用机制[D].石河子：石河子大学.

[218] 任庆梅.2013.大学英语有效课堂环境构建及评价的理论框架[J].外语教学与研究,(5)：732－743.

[219] 任庆梅.2021.混合式教学环境下动机调控对大学英语课堂学习投入的影响研究[J].外语电化教学,(1)：44－50.

[220] 任冉.2020.我国当代大学生学校适应性研究的回顾与展望[J].教育教学论坛,(42)：87－89.

[221] 尚建国.2016.网络环境下大学生自我调节学习策略与英语学业成就之关系研究[J].外语研究,(4)：57－62.

[222] 尚建国.2018.大学生英语学习投入现状调查研究[J].西南科技大学高教研究,2018,(4)：43－47.

［223］沈广彩.2009.少数民族大学生的媒介素养与少数民族文化传播［J］.贵州师范学院学报,(7)：57－60.

［224］石丽敏.2010.多元文化背景下高校校园文化建设探析［J］.教育探索,(8)：90－91.

［225］时伟.2012.大学学术职业发展的冲突与调适［J］.江苏高教,(4)：16－18.

［226］苏琪.2019.大学生英语学习投入的结构方程模型研究［J］.外语教学理论与实践,(1)：83－88.

［227］滕星,苏红.1997.多元文化社会与多元一体化教育［J］.民族教育研究,(1)：18－31.

［228］滕星.2010.多元文化教育：全球多元文化社会的政策与实践［M］.北京：民族出版社.

［229］王德照.2020.新时代背景下高校共青团第二课堂校园文化活动建设研究［J］.文存阅刊,(36)：52－52.

［230］王峰.2010.论语言在族群认同中的地位和表现形式［J］.云南师范大学学报,2010,(4)：72－78.

［231］王加强,梁元星.2008.我国教育生态研究的进展与问题［J］.当代教育科学,(19)：54－57.

［232］王俊凯,陈洁.2015.教育信息技术在 ESP 教学中应用和发展［J］.外语电化教学,(1)：62－66.

［233］王丽.2003.中小学生亲社会行为与同伴关系、人际信任、社会期望及自尊的关系研究［D］.西安：陕西师范大学.

［234］王玲宁.2010.新媒介环境下传媒与青少年社会化研究［J］.当代青年研究,2010(10)：40－47.

［235］王卫.1999.网络时代青年社会化范式的转型［J］.青年研究,(12)：10－14.

［236］王蔚蔚.2013.新疆少数民族女大学生媒介素养调查与研究［J］.贵州民族大学学报,(2)：137－140.

［237］王雪颖.2021.共情对人际敏感性个体亲社会行为的影响研究［D］.武汉：华中师范大学.

［238］温红博,梁凯丽,刘先伟.2016.家庭环境对中学生阅读能力的影响：阅读投入、阅读兴趣的中介作用［J］.心理学报,(3)：248－257.

［239］吴琼洳.2009.新移民文化认同之研究［J］.台中教育大学学报,(2)：187－204.

［240］武媛媛.2020.大学生审美情感、共情与亲社会行为关系的研究［D］.上海：上海师范大学.

［241］奚晓岚,张曼如,程灶火.2014.大学生网络成瘾的相关心理社会因素研究［J］.中国临床心理学杂志,(5)：799－803.

[242] 萧佳纯,方斌,陈慧雯.2012.大三生心理社会发展、人际满意度与课外经历对其毕业后就业力之预测[J].教育实践与研究,(1):97-129.

[243] 徐婷.2015.基于复杂系统理论的科学教育教学设计研究[D].南昌:江西师范大学.

[244] 徐晓风,张博.2015.论主流意识形态建构中的多元文化背景[J].理论探讨,(1):44-48.

[245] 严秀英,金粉如.2017.朝鲜族留守儿童自我调节学习能力的调查研究[J].民族教育研究,(3):43-49.

[246] 阎孟伟.2006."道德危机"及其社会根源[J].道德与文明,(2):45-48.

[247] 阳红.2015.大学生的心理弹性:压力事件,自我差异,社会支持,积极应对方式及学校适应的关系研究[D].重庆:西南大学.

[248] 杨静.2006.大学生亲社会价值取向与亲社会行为研究[D].武汉:华中科技大学.

[249] 杨军红.2009.来华留学生跨文化适应问题研究[M].上海:上海社会科学院出版社.

[250] 杨莉萍.2015.互联网络环境对少数民族大学生的影响探析——以中央民族大学法学院为例[J].民族教育研究,(5):33-38.

[251] 杨莹,张梦圆,寇彧.2016.青少年亲社会行为量表的编制与维度的再验证[J].中国社会心理学评论,10(1):135-150.

[252] 杨玉芹.2008.云南少数民族大学生学校适应问卷的编制及相关问题研究[D].重庆:西南大学.

[253] 杨玉芹.2017.MOOC自主个性化学习环境设计的策略研究[J].现代教育技术,2017,(7):12-17.

[254] 杨兆山,高鹏.2012.农村寄宿制学校低龄学生的适应问题与对策——基于中西部三省区的调查[J].现代教育管理,(7):37-41.

[255] 姚本先,陆璐.2007.我国大学生心理健康教育研究的现状与展望[J].心理科学,(2):485-488.

[256] 袁洁婷.2013.教育生态学理论研究综述[J].教育教学论坛,(41):148-149.

[257] 袁仁贵.2004.提高认识,狠抓落实,大力推进大学生心理健康教育工作[J].思想理论教育导刊,(9):4-7.

[258] 张梦廷.2006.教育哲学[M].北京:教育科学出版社.

[259] 张倩倩.2018.公正世界信念对利他行为的影响:一个有调节的中介模型[D].武汉:华中师范大学.

[260] 张巧玲,姜明玉.2014.远程开放教育课程教学策略研究[J].继续教育研究,(2):51-53.

[261] 张胜芳.2003.虚拟社会化进程中的网络道德教育[J].重庆科技学院学报，(2)：65-68.

[262] 张拴云.2006.少数民族大学新生学习适应问题及对策研究[D].重庆：西南大学.

[263] 张玮.2004.网络时代青少年的虚拟社会化[J].电化教育研究,(10)：24-25.

[264] 张文林，杨文立.2008.网络虚拟社区与青少年的社会化[J].法制与社会,(1)：251-251.

[265] 张先亮.2015.从新型城镇化角度看市民语言能力[J].中国社会科学,(3)：119-126.

[266] 张秀秋，单常艳.2006.我国大学生学校适应性研究现状述评[J].辽宁行政学院学报,8(1)：60-61.

[267] 张如慧.2000.原住民女学生学校生活经验中之潜在课程研究：以山海中学原住民艺能班为例[D].台北：台湾师范大学.

[268] 赵婧.2016.场域转换与模式转变：新媒体时代青年的社会化困境[J].中国青年研究,(5)：16-21.

[269] 赵坤，刘毅玮.2001.社会认知视角下的自我调节学习理论[J].理论经纬,(1)：30-33.

[270] 赵章留，寇彧.2006.儿童四种典型亲社会行为发展的特点[J].心理发展与教育,22(1)：117-121.

[271] 郑杭生.2003.社会学概论新修[M].北京：中国人民大学出版社.

[272] 郑文骁.2011.互联网对城市儿童社会化的影响研究——以郑州市某小学为例[D].郑州大学.

[273] 周鹏生.2013.少数民族大学生人际自我认知特点及交往决策[J].甘肃民族研究,(2)：16-20.

[274] 朱姝.2014.詹姆斯·班克斯教育思想研究[M].北京：民族教育出版社.

[275] 邹泓，屈智勇，叶苑.2007.中小学生的师生关系与其学校适应[J].心理发展与教育,(4)：77-83.

[276] 邹小勤.2015.我国大学生学校适应研究[M].北京：教育科学出版社.

[277] 左学玲.2014.少数民族预科生学习适应现状及影响因素研究[D].沈阳：东北师范大学.

索　引